Deutsch
Auf einen Blick!

Literarische Gattungen:
Epik · Dramatik · Lyrik

D1720118

STARK

© 2018 Stark Verlag GmbH
www.stark-verlag.de
1. Auflage 2014

Inhalt

Die **Gattungsüberblicke** dienen der Arbeit mit Literatur im Deutschunterricht ebenso wie der Prüfungsvorbereitung. Zunächst werden jeweils die drei Hauptgattungen **Epik, Dramatik und Lyrik**, in die man die Literatur gemeinhin unterteilt, knapp mit ihren zentralen Merkmalen vorgestellt. Anschließend folgt für jede Hauptgattung eine Darstellung der wichtigsten Untergattungen auf je einer Doppelseite. Alle Darstellungen enthalten jeweils die **gleichen Rubriken**, um sie untereinander vergleichbar zu machen und ein effektiveres Lernen zu ermöglichen:

- In der Überblicksgrafik **Auf einen Blick** finden sich neben dem Bild eines Autors, der ein oder mehrere zentrale Werke dieser Untergattung verfasst hat, die wichtigsten Informationen in einem Beziehungsdreieck zusammengestellt. Dieses verdeutlicht erstens, dass **Geschichte, Form und Inhalt** einer jeden Gattung nie vollkommen getrennt voneinander betrachtet werden können, weil alle drei Bereiche miteinander zusammenhängen. Zweitens präsentiert die grafische Darstellung die wichtigsten Punkte in einem Kurzüberblick, der eine Orientierung gibt und zudem die schnelle Wiederholung vor einer Prüfung erleichtert.

- Unter **Grundsätzliches** finden sich Basisinformationen, wie z. B. Begriffsklärungen oder allgemeine Gattungsdefinitionen.

- Der Abschnitt **Inhalt** fasst zusammen, welche thematische und inhaltliche Ausrichtung in der jeweiligen Gattung vorherrscht. Dabei gibt es Gattungen, die thematisch sehr eingeschränkt sind (z. B. das Märchen), während andere eine große Bandbreite an Inhalten aufweisen können (z. B. die Kurzgeschichte).

- Die Rubrik **Form und Sprache** vermittelt einen Überblick über die äußere Form und die sprachliche Gestaltung der jeweiligen Gattung. Dabei kommen beispielsweise gebräuchliche Stilmittel oder auch der typische Aufbau zur Sprache. Auch hier gibt es formal eingegrenztere Gattungen (z. B. das Sonett) und formal weniger fest definierte Gattungen (z. B. den Roman).

- Unter **Geschichte der Gattung** wird ihre historische Entwicklung dargestellt. So lässt sich erfahren, wann und wo die Gattung ihren Ursprung hatte, in welchen literarischen Epochen sie besonders beliebt war und inwiefern sie heute noch Verwendung findet.

- Unter **Autoren und Werke** sind exemplarische Texte der Gattung mit ihren Autoren aufgeführt. Hierbei handelt es sich jeweils um eine Auswahl besonders repräsentativer Werke.

- Den Abschluss jedes Gattungsüberblicks bildet eine Zusammenstellung von **Zitaten**. Darunter finden sich sowohl Äußerungen über die jeweilige Gattung als auch exemplarische Zitate aus entsprechenden Werken. Diese können einen Eindruck von einem oder mehreren Kennzeichen der Gattung vermitteln.

Gattung – ein nicht ganz einfacher Begriff

Auch wenn die Einteilung der Literatur in Gattungen schon sehr lange existiert, ist sie keinesfalls unumstritten. Während sich die drei **Großformen der Literatur, Epik, Dramatik und Lyrik**, weitestgehend durchsetzen konnten, ist die Abgrenzung einzelner Untergattungen bzw. Textarten nicht immer ganz eindeutig – zumal diese auch einem geschichtlichen Wandel unterliegen. So gibt es beispielsweise **Übergänge** zwischen der Ode und der Hymne oder zwischen Sage und Legende. Dabei ist generell die **Klassifizierung nicht immer vollkommen trennscharf**, da sie stets auch von den Untersuchungskriterien abhängig ist. So kann ein Gedicht dem Inhalt nach als Elegie (als Klagelied), formal aber als Sonett gestaltet sein. Je nachdem, welche Kennzeichen man stärker gewichtet, wird die Einordnung als Elegie oder Sonett erfolgen. Darüber hinaus lassen sich Texte zum Teil mehreren Untergattungen bzw. Dramenarten zuordnen – z. B. abhängig davon, wie man das Werk interpretiert: So kann man Schillers Drama „Maria Stuart" mit Recht als Ideendrama und als Geschichtsdrama bezeichnen. Trotz all dieser Schwierigkeiten hat sich die Einteilung in Gattungen und Untergattungen als sinnvoll erwiesen, um die enorme Menge an literarischen Werken **überschaubar und vergleichbar** zu machen.

Allgemeine Einführung

Der Begriff **Epik** bedeutet seiner Herkunft nach so viel wie **Rede, Erzählung oder Geschichte**. Deshalb bezeichnet er als **Gattungsbegriff** die erzählende Literatur, zu der **alle Möglichkeiten des fiktiven Erzählens** gehören. Es ist nicht entscheidend, ob dieses Erzählen in **Versform** oder in **Prosa** geschieht, auch wenn es sich fast immer um Prosatexte handelt. Auch die Länge eines epischen Textes kann unterschiedlich sein, sodass man zwischen **kleineren Formen** wie Märchen oder Kurzgeschichte, **mittleren Formen** wie der Novelle und **Großformen** wie dem Roman unterscheidet. Gattungsbestimmend ist dagegen das **Vorhandensein eines Erzählers**, der dem Leser eine Geschichte vermittelt. In der Regel handelt es sich um ein **fiktives Geschehen**, auch wenn es durchaus auf realen Begebenheiten (z. B. historischen Orten, Umständen, Personen oder Ereignissen) oder auch auf einem bereits vorhandenen Stoff basieren kann, in dem der Autor sein Thema findet. Der Autor entscheidet dann, was er betont, was er weglässt oder hinzuerfindet, sodass eine **neue poetische Wirklichkeit** entsteht.

Erzähler

- **Autor und Erzähler** sind nicht identisch, sondern der Erzähler ist eine vom Autor geschaffene fiktive Instanz, die dem Leser die Geschichte vermittelt:
  - Erzähler kann, muss aber nicht eine Figur der erzählten Wirklichkeit sein
  - selbstbewusster Erzähler: **deutlich erkennbarer Erzähler**, der das Geschehen kommentiert oder den Leser direkt anspricht
  - geschwächte Erzählerposition: **Erzähler** zieht sich **hinter seine Figuren** zurück und lässt diese (z. B. in wörtlicher Rede) unkommentiert zu Wort kommen
- Unterscheidung in der **Erzählform** zwischen Ich-Form und Er-Form:
  - **Ich-Form:** Erzähler ist zugleich handelnde Figur, die die dargestellten Ereignisse selbst (mit-)erlebt hat und sie deshalb meist mit wenig Distanz und recht subjektiv wiedergibt
  - **Er-Form:** Erzähler berichtet in der dritten Person von Erlebnissen anderer, was ihm mehr Spielraum und größere Objektivität verschafft, auch wenn er sich durchaus durch Kommentare einmischen kann
- **Erzählverhalten/Erzählsituation:** Stellung des Erzählers zur Geschichte bzw. Art und Weise des Erzählens:
  - **auktoriales Erzählverhalten/auktoriale Erzählsituation:** „allwissender" Erzähler überblickt das gesamte Geschehen, das er auch kommentieren und bewerten kann, obwohl er außerhalb steht; teilweise auch direkte Ansprache des Lesers und kritische Stellungnahme
  - **personales Erzählverhalten/personale Erzählsituation:** Erzähler tritt zurück, indem er die Perspektive einer Figur einnimmt (ohne dass deshalb in der Ich-Form erzählt werden würde)
  - **neutrales Erzählverhalten/neutrale Erzählsituation:** Erzähler tritt ganz zurück und bleibt neutraler, unbeteiligter Zuschauer, der das Geschehen aus der Distanz vermittelt
  - **Ich-Erzählung** kann auktoriales, personales und auch neutrales Erzählverhalten zeigen, je nachdem wie unmittelbar der Ich-Erzähler in die Ereignisse einbezogen ist
- **Erzählperspektive:** Blickwinkel, aus dem der Erzähler auf das Geschehen blickt – bestimmt vom zeitlich-räumlichen Abstand und vom Umfang des Überblicks:
  - **Außensicht:** Erzähler gibt nur äußerlich Wahrnehmbares wieder, da sein Standort sich außerhalb des Geschehens und der Figuren befindet
  - **Innensicht:** Erzähler blickt in das Innere der Figuren hinein

- **Darbietungsformen:** sprachliche Vermittlungsweise des Erzählers, durch die er den Leser am Geschehen teilhaben lässt
  - **Erzählerbericht:** alle Äußerungen des Erzählers, aber nicht die Äußerungen der handelnden Figuren – Unterscheidung zwischen zeitlicher Erzählweise (zeigt die Handlung in ihrem Ablauf) und zeitloser Erzählweise (z. B. Beschreibung von Orten oder Figuren, die aus zeitlichem Ablauf herausgenommen ist)
  - **Figurenrede/Gedankenrede:**
    - **direkte Rede:** gibt Wortlaut des Gesagten/Gedachten unverändert wieder
    - **indirekte Rede:** Wiedergabe in der 3. Person und im Konjunktiv – Erzähler erzählt, was jemand gesagt hat
    - **erlebte Rede:** steht zwischen direkter und indirekter Rede – gibt meist Gedanken einer Person ohne Redebegleitsatz wieder (z. B. ohne „er dachte"); Kennzeichen: 3. Person, Präteritum, Sprech-/Denkweise der Figur (z. B. hinsichtlich der Wortwahl, Ausrufe wie bspw. „ach")
    - **innerer Monolog:** unmittelbare Darstellung der Eindrücke und Gedanken einer Person in Ich-Form und Präsens („Stream of Consciousness" = Bewusstseinsstrom: besonders radikale, assoziative Form)

Darstellung der Handlung

- **äußere Handlung:** Abfolge der (äußerlich sichtbaren) Ereignisse
- **innere Handlung:** geistig-seelische Vorgänge, welche die äußere Handlung beeinflussen

Raum- und Zeitgestaltung

- **Raum:** nicht nur örtlicher (Handlungsraum), sondern auch sozialer Rahmen (Lebensraum), in dem sich die Handlung abspielt
- **geistiger Raum:** Raum der Gedanken, Gefühle, Wünsche, Träume und der Fantasie
- **Raummotive mit symbolischer Bedeutung:** Beschreibung eines bestimmten Raumes, um dadurch Atmosphäre und Stimmungen zu erzeugen (z. B. Tor als Grenze zwischen verschiedenen Welten)
- **Erzählzeit:** Dauer des Erzählens bzw. Lesens
- **erzählte Zeit:** Dauer des erzählten Vorgangs
- **Zeitraffung:** Erzählzeit ist kürzer als erzählte Zeit, wenn z. B. Ereignisse mehrerer Jahre auf einer halben Seite zusammengefasst sind
- **Zeitdeckung:** Erzählzeit entspricht der erzählten Zeit (z. B. bei wörtlicher Rede)
- **Zeitdehnung:** Erzählzeit ist länger als die erzählte Zeit, wenn das erzählte Ereignis in Wirklichkeit viel schneller vorbei ist als die Erzählung davon (z. B. detaillierte Beschreibung eines Autounfalles)
- **Rückblende:** Unterbrechung des zeitlichen Ablaufs der Erzählung durch Rückblicke in die Vergangenheit
- **Vorausdeutung** (wird oft zur Spannungssteigerung verwendet):
  - **zukunftsgewisse Vorausdeutung:** Blick eines auktorialen Erzählers voraus in die Zukunft
  - **zukunftsungewisse Vorausdeutung:** Andeutung zukünftigen Geschehens (z. B. über einen Orakelspruch, einen Traum oder Befürchtungen einer Figur)

Auf einen Blick

Heinrich von Kleist

Inhalt
- Ereignis aus Leben einer historischen Persönlichkeit (nicht zwingend wahr)
- scharfe Charakterisierung einer Eigenart, Geisteshaltung oder Epoche
- Zweck der Unterhaltung/Belehrung

Anekdote

Form	**Geschichte**
• epische Kurzform • steigernde Form bis hin zu einer Pointe • gedrängte Sprache (z. B. Rede/Gegenrede)	• erste Anekdoten als eigene literarische Form ca. ab 15./16. Jahrhundert • neue Impulse in der Aufklärung: Individuum im Mittelpunkt • anerkanntes literarisches Genre im 19. Jahrhundert (H. v. Kleist; J. P. Hebel)

Grundsätzliches

- Begriff stammt aus dem Griechischen: **anékdoton = nicht herausgegeben, unveröffentlicht**
- verwandt mit Fabel (Belehrung) und Schwank (Unterhaltung)

Inhalt

- Ereignis aus dem Leben einer historischen/berühmten Persönlichkeit (z. B. Anekdoten über Friedrich den Großen)
- **scharfe Charakterisierung einer bestimmten Eigenart** einer oder mehrerer Personen (gelegentlich auch einer Epoche oder einer Geisteshaltung)
- besondere Begebenheit
- muss **nicht wahr, aber zutreffend** sein: erzählte Begebenheit muss nicht wirklich so geschehen sein, wie es die erzählte Handlung vorgibt, aber sie sollte theoretisch so geschehen sein können
- **Momentaufnahme**
- **Zweck:**
  - Unterhaltung und Belehrung
  - Aufzeigen des Typischen am Einzelfall

Form und Sprache

- **kurz und knapp**
- auf das **Wesentliche** reduziert, schmucklos
- **steigernde Spannung** bis hin zu einer überraschenden Wendung
- **Pointe** oft in Form eines Witzes, eines Wortspiels oder einer schlagfertigen Entgegnung
- verfasst in gedrängter sprachlicher Form (häufig mit Verwendung von Rede und Gegenrede)

- **Ursprung:** Veröffentlichung eines kritischen Werks mit Indiskretionen (Geheiminformationen) über oströmischen Kaiser Justinian I. durch Historiker Prokopios von Caesarea im 6. Jahrhundert unter dem Titel „Anekdota"
- zunächst Bezeichnung für Schriften, die aus Gründen der Diskretion oder aus Angst vor Repressalien nicht herausgegeben werden konnten
- früher auch Bezeichnung für noch nicht edierte Manuskripte
- **erste Anekdoten** schon im **16. Jahrhundert** und früher, aber ohne als solche bezeichnet zu werden, z. B. in Predigten oder auf Flugblättern; zum Teil auch mündlich überliefert
- im **17. Jahrhundert Bedeutungswandel** zu „Geschichtchen" durch Aufkommen der Memoirenliteratur: **Erzählung aus dem Leben einer bekannten Persönlichkeit oder von einem historischen Ereignis**
- **Nutzung von Historikern,** um Persönlichkeiten, die als Legenden galten, zu charakterisieren (dafür teilweise auch Erfindung eigener Anekdoten)
- **neue Impulse durch Aufklärung im 18. Jahrhundert:**
  – Individuum im Mittelpunkt
  – knappe Pointierung von Persönlichkeitsmerkmalen
- **Entwicklung zu anerkanntem literarischen Genre im 19. Jahrhundert** durch Heinrich von Kleist und Johann Peter Hebel
- **20./21. Jahrhundert:** teilweise **Nutzung im kritisch-parodistischen Sinne** bzw. zur journalistischen Darstellung von Biografien

überliefert von Plutarch: *Diogenes und Alexander* (ca. 100 n. Chr.)
Heinrich von Kleist: *Anekdote aus dem letzten preußischen Kriege* (1810/11)
Thomas Mann: *Anekdote* (1908)
Heinrich Böll: *Anekdote zur Senkung der Arbeitsmoral* (1963)

Über Anekdoten:
„Aus drei Anekdoten ist es möglich, das Bild eines Menschen zu geben." *(Friedrich Nietzsche)*
„Es gibt keine wahren und unwahren, es gibt nur gute und schlechte Anekdoten." *(Gottfried Heindl)*

Aus Anekdoten:
„Geh mir aus der Sonne, König." (überliefert von *Plutarch,* „Diogenes und Alexander")
„Bach, als seine Frau starb, sollte zum Begräbnis Anstalten machen. Der arme Mann war aber gewohnt, alles durch seine Frau besorgen zu lassen; dergestalt, daß da ein alter Bedienter kam, und ihm für Trauerflor, den er einkaufen wollte, Geld abforderte, er unter stillen Tränen, den Kopf auf einen Tisch gestützt, antwortete: ‚sagts meiner Frau.'" – *(Heinrich von Kleist,* „Anekdote")

Auf einen Blick

Inhalt
- Gesellschaftskritik durch Tiere / Pflanzen mit menschlichen Eigenschaften
- Moral bzw. allgemeingültige Lehre am Ende
- charakteristische Eigenschaften und Namen der Tiere

Christian F. Gellert

Form	Fabel	Geschichte
• typischer Fabelaufbau: Promythion, Ausgangssituation, Rede, Gegenrede, Ergebnis, Epimythion • einfache Sprache • Einheit von Ort, Zeit und Handlung		• Beginn der europäischen Fabeldichtung mit Äsop • eigene Gattung in Humanismus und Reformationszeit: Belehrung • Höhepunkt zur Zeit der Aufklärung als moralisch-didaktische Literatur

Grundsätzliches

- Begriff aus dem Lateinischen: **fabula = Rede, Erzählung**
- seit dem 13. Jahrhundert abschätzige Bedeutung: lügenhafte Geschichte
- heutige Bedeutung seit Humanismus (14.–16. Jahrhundert): Erzählung mit Verweischarakter
- Tiererzählung: getarnte Aussage durch Verwendung **menschlich handelnder Tiere** als Figuren schützt Autor vor Bestrafung, da er Gesellschaftskritik nur indirekt ausdrückt

Inhalt

- **Personifikation:** in den meisten Fabeln besitzen Tiere oder Pflanzen menschliche Eigenschaften und zeigen menschliche Verhaltensweisen (Tierfabeln)
- **Zuschreibung bestimmter charakteristischer Merkmale und Namen zu jedem Tier,** z. B. schlauer Fuchs (Reineke), störrischer Esel (Boldewyn) usw.
- dialektische Erzählstruktur: meist treten zwei Tiere auf, die sich in ihrem Verhalten genau entgegenstehen und einen Dialog führen
- **Einzelfall,** aus dem **allgemeine Lehre** gezogen werden kann
- häufiges Thema in der Aufklärung: **Kritik an Ständeordnung,** Betonung bürgerlicher Lebensklugheit
- Fabel enthält **Moral,** die entweder **explizit** zu Beginn (Promythion) oder am Ende (Epimythion) ausgedrückt wird oder **implizit** enthalten ist
- **Zweck:** Belehrung und Unterhaltung

Form und Sprache

- in **Vers- oder Prosaform** verfasst
- **Einheit von Ort, Zeit und Handlung:** einsträngige Handlung erstreckt sich nur über einen kurzen Zeitraum und enthält keinen Ortswechsel
- **einfache Sprache,** die für das Volk zu verstehen ist
- häufige Gestaltungsmittel: Ironie, Satire

- typischer **Fabelaufbau:**
  - Promythion: vorangestellte Lehre
  - Ausgangssituation der Handlung
  - Rede, die Handlung auslöst, und Gegenrede als Reaktion des Betroffenen auf die Handlung
  - Ergebnis der Handlung
  - Epimythion: nachgestellte Lehre/Moral

Geschichte der Gattung

- Fabel hat **nicht ein einziges Ursprungsland**: schon im 3. Jahrtausend vor Christus Verwendung von Fabeln zur Unterrichtung und Erziehung bei Sumerern, in Indien, Assyrien usw.
- **um 600 v. Chr.: Beginn der europäischen Fabeldichtung mit Äsop,** der alte Fabeln sammelte/erzählte, ohne dass die Fabel als eigene Gattung anerkannt war
- Fabel fand durch Überlieferung Eingang ins mittelalterliche Europa
- 13. Jahrhundert: ältester deutscher Fabeldichter „Der Stricker": Fabeln auf **Mittelhochdeutsch**
- **Humanismus (14.–16. Jahrhundert)** und **Reformationszeit (16. Jahrhundert): Fabel als eigene Gattung** – Belehrung und Verkündung unangenehmer Wahrheiten (z. B. durch M. Luther)
- im Barock (17. Jahrhundert) wurde die Fabel in Deutschland eher wenig ernst genommen, in Frankreich aber hohe künstlerische Verwirklichung durch Fabeldichtung in Versen
- **Höhepunkt der Fabeldichtung** im 18. Jahrhundert zur Zeit der Aufklärung: Beliebtheit moralisch-didaktischer Literatur im Gegensatz zur als „schwülstig" abgelehnten Barockdichtung
- **Anschluss an französische Fabeldichtung** (z. B. Christian F. Gellert), die z. T. erheblich von klassischer Fabel abweicht (z. B. menschliches Personal, Versform, breitere Ausgestaltung)
- **Fabeltheorie von Gotthold Ephraim Lessing,** der Rückkehr zum antiken Fabelmodell und knappe Fabeln in Prosa fordert
- 19. Jahrhundert: Fabeldichtung geht in Deutschland zurück (fast nur noch für Kinder/Jugendliche)
- 20./21. Jahrhundert: Versuch der **Modernisierung der Fabeln,** die nun aktuelle Konflikte zum Thema haben (auch als „Protestfabeln" bezeichnet) – z. T. auch Ironisierung der Fabeltradition

Autoren und Werke

Äsop: *Das Lamm und der Wolf* (ca. 6. Jahrhundert v. Chr.)
Jean de La Fontaine: *Der Rabe und der Fuchs* (ca. 1668)
Christian Fürchtegott Gellert: *Der Tanzbär* (1746)
Gotthold Ephraim Lessing: *Der Löwe mit dem Esel* (1772)

Zitate

Über die Fabel:
„Wenn wir einen allgemeinen Satz auf einen besonderen Fall zurückführen, diesem besonderen Falle die Wirklichkeit erteilen, und eine Geschichte daraus dichten, in welcher man den allgemeinen Satz anschauend erkennen kann: so heißt diese Erdichtung eine Fabel." *(Gotthold E. Lessing)*

Aus Fabeln:
„Wage dich nicht an Dinge, die deine Kräfte übersteigen; es gibt sonst zum Schaden noch Spott." *(Äsop, „Der Adler und die Dohle")*
„Die Kunst sei noch so groß, die dein Verstand besitzet, / Sie bleibt doch lächerlich, wenn sie der Welt nicht nützet." *(Christian Fürchtegott Gellert, „Die Spinne")*

Auf einen Blick

Johann Peter Hebel

Inhalt
- Alltagsleben der einfachen Leute
- naher Realitätsbezug
- Zweck der Unterhaltung und Belehrung

Kalender-geschichte

Form
- schlichte, an Mündlichkeit ange-lehnte Alltagssprache
- volksnah, aber mit raffinierter Erzähltechnik
- pointierte Auflösung am Ende

Geschichte
- zunächst Bindung an Volkskalender
- Lösung von Volkskalender durch Johann Peter Hebel
- Mittel zur Belehrung und Erziehung des Volkes, v. a. in der Aufklärung

Grundsätzliches

- Definition: **kurze Erzählung** mit starker Ähnlichkeit zu Anekdote, Schwank und Parabel
- Bezeichnung stammt vom Medium des Volkskalenders, an das Kalendergeschichten zunächst gebunden waren

Inhalt

- merkwürdige Begebenheiten aus dem **Alltagsleben der einfachen Leute** (wichtigster Unter-schied zur Anekdote)
- oft auch witziges Ereignis bzw. belustigender Vorgang
- volkstümlich und meist auf die Realität bezogen
- besinnlich und **vorsichtig belehrend**
- bei Johann Peter Hebel: Auftreten bestimmter fiktiver Figuren, z. B. Hausfreund oder Kalendermann, die aus Geschichte heraustreten und Dialog mit Leser führen
- **Zweck: Unterhaltung und Belehrung,** Verhaltensanweisungen

Form und Sprache

- teilweise Leseranrede
- häufig **pointierte Auflösung** am Ende
- zunächst **schlichte, an Mündlichkeit angelehnte Alltagssprache,** erst durch Johann Peter Hebel hohes sprachliches Niveau
- volksnah geschrieben, aber **raffinierte Erzähltechnik**

Geschichte der Gattung

- 15.–18. Jahrhundert: **Volkskalender** nach Erfindung des Buchdrucks neben Bibel und Gesang-buch als einziges Lesematerial des einfachen Volkes
- darin zunächst nur Informationen zum Wetter, zum Tagesgeschehen, Maßangaben und Kochrezepte, später dann auch Zitate und lehrhafte Geschichten

- Aufklärung: Kalendergeschichten als unterhaltsames **Mittel zur Belehrung und Erziehung des Volkes** und zur Bekämpfung von Aberglauben
- 19. Jahrhundert: **Lösung der Kalendergeschichte vom Volkskalender durch Johann Peter Hebel**, der eigene Sammlung von Erzählungen veröffentlichte
- Nachfolger von Hebel mit oft ganz unterschiedlicher ideologischer Ausrichtung:
  - z. B. katholisch-konservative Autoren, die gegen Demokratie und Aufklärung schrieben
  - aber auch Autoren, die mit ihren Kalendergeschichten für die Befreiung des Volkes von Kirche und Staat kämpften
- Mitte des 19. Jahrhunderts: sozialdemokratische Kalendergeschichten, die zum Klassenkampf aufriefen
- 20. Jahrhundert: Weiterbestehen der ursprünglichen Kalendergeschichte in Südwestdeutschland, ansonsten **Wiederaufleben der Kalendergeschichte als eigenständige Kunstform**

Autoren und Werke

Hans Jakob Christoffel von Grimmelshausen: *Ewigwährender Kalender* (Sammlung 1670)
Johann Peter Hebel: *Kannitverstan* (in der Sammlung *Schatzkästlein des rheinischen Hausfreundes* von 1811)
Ludwig Anzengruber: *Wie mit dem Herrgott umgegangen wird* (in der Sammlung *Kalendergeschichten* von 1882)
Oskar Maria Graf: *Kalender-Geschichten* (Sammlung 1929)
Bertolt Brecht: *Der Mantel des Ketzers* (in der Sammlung *Kalendergeschichten* von 1949)

Zitate

Über die Kalendergeschichte:
„Unter dem Erzählen blättert er den Kalender, den die Menschen in ihrem Herzinnersten tragen, auf, und wo er auf eine gute Seite trifft, da spricht er zum Besseren, und wo er eine böse findet, zum Guten, dieses ‚Belehrsame‘ hängt jeder richtigen ‚Kalendergeschichte‘ an.“ (*Ludwig Anzengruber*)
„Dann wird er seine ‚Kalendergeschichte‘ haben, die vorhält, die man gerne auch des öftern liest, weil sie, über das letzte Wort hinaus, Gedanken anregt oder im Gemüt nachklingt.“ (*Ludwig Anzengruber*)

Aus Kalendergeschichten:
„‚Armer Kannitverstan‘, rief er aus, ‚was hast du nun von allem deinem Reichtum?‘“ (*Johann Peter Hebel*, „Kannitverstan“)
„Die Amtsrätin aber fragte: ‚Kinder, wo seid ihr gesteckt, und habt ihr auch die Sonne gesehen schön untergehen?‘, und die Jungfrau in ihrer Unschuld und Wahrheit gestand: ‚Nein‘; der Jüngling aber dachte: ‚unter nicht, aber auf!‘“ (*Johann Peter Hebel*, „Der Spaziergang am See“)

Auf einen Blick

Gabriele Wohmann

Inhalt
- Ausschnitt aus der Wirklichkeit mit Symbolcharakter
- Durchschnittsfiguren mit wenig individuellen Zügen in einer Entscheidungssituation
- stark geprägt von Emotionen

Form	Kurzgeschichte	Geschichte
• Aufbau: unmittelbarer Beginn, gedrängte Steigerung, überraschende Wendung, offener Schluss • Leitmotive, Dingsymbole und Sprache mit Symbolcharakter • geringer Umfang mit nur einer Haupthandlung		• Entstehung im Amerika des 19. Jahrhunderts mit Entwicklung des Zeitschriftenwesens • „deutsche" Kurzgeschichte erst nach 1945 im Zuge des literarischen Neubeginns nach Nationalsozialismus

Grundsätzliches

- Lehnübersetzung des englischen Begriffs „**short story**", dessen Bedeutung aber weiter gefasst ist und zum Beispiel auch die Novelle mit einschließt
- erscheint oft in Zeitungen, Zeitschriften und Magazinen, deren Erfordernissen sich die Kurzgeschichte mit ihrer formalen Knappheit angepasst hat

Inhalt

- **Stoffe aus der Lebenswelt des Lesers** bzw. aktuelle Thematik
  – 1945 bis 1950er-Jahre: **kritische Auseinandersetzung mit Nachkriegszeit**
  – ab 1960: neue Themen wie **Probleme der Wohlstandsgesellschaft** o. Ä.
- inhaltliche Offenheit
- zeigt unscheinbaren **Ausschnitt aus der Wirklichkeit, der aber Symbolcharakter hat** und über das Alltägliche hinausweist
- Figur in **Entscheidungssituation**, die zu Konflikt und Wendung in deren Leben führen kann
- **Dominanz innerer Handlung** (ohne dass Erzähler intensiv das Innenleben darstellt)
- **Durchschnittsfiguren** mit typisierten, wenig individuellen Zügen
- Darstellung eines begrenzten Raumes und eines kurzen Zeitabschnitts
- Dominanz des seelischen Raums: stark geprägt von **Emotionen**
- oft **kritische Perspektive auf gegenwärtige Lebenswelt** oder auf typische Verhaltensweisen
- manchmal fantastisch-groteske Züge

Form und Sprache

- **geringer Umfang** mit meist nur einer Haupthandlung
- **Aufbau:**
  – **unmittelbarer Beginn** ohne Einleitung
  – gedrängte Steigerung
  – überraschende Wendung
  – **offener Schluss**

- strebt von Beginn an auf unausweichliches Ende mit Lösung hin
- statt einer linearen Handlung **assoziative Verknüpfungen und Montagetechnik:** Sprachfluss kann durch Gedankenstriche und Punktierungen unterbrochen sein
- **Rückblenden und Vorausschauen** sind möglich
- auf das Wesentliche konzentrierte **Sprache mit Symbolcharakter:** Notwendigkeit des Lesens zwischen den Zeilen; Entschlüsseln von **Metaphern, Andeutungen und Aussparungen**
- **Nähe zur Umgangssprache,** v. a. in der wörtlichen Rede
- realistische Wiedergabe von Tatsachen
- oft **Leitmotive und Dingsymbole** bzw. Details, die auf das Ganze verweisen
- meist **Er-Form** und **personale Erzählweise** ohne Kommentare des Erzählers
- Vermeidung von Wertungen, Deutungen, Reflexionen und Lösungen

Geschichte der Gattung

- Entstehung zunächst in Amerika (short story) im Zusammenhang mit der **Entwicklung des Zeitschriftenwesens im 19. Jahrhundert**
- Aufgreifen des amerikanischen Vorbilds in Deutschland um 1900: Kurzgeschichte hat hier aber **Probleme, sich gegen Novelle** und andere epische Kleinformen **durchzusetzen** (Ausnahme: Franz Kafkas eigenständige Form der Kurzgeschichte)
- Entstehung der eigentlichen „**deutschen**" Kurzgeschichte erst nach 1945 im Zuge des literarischen Neubeginns nach der nationalsozialistischen Herrschaft: Abgrenzen vom Pathos und vom Umfang der nationalsozialistischen Literatur u.a. durch Schlichtheit der Sprache
- **Gruppe 47** (u. a. Wolfgang Weyrauch und Wolfdietrich Schnurre) verhalf Gattung zur Weiterentwicklung
- 21. Jahrhundert: **Wiederaufleben** der Kurzgeschichte, vor allem auch über Veröffentlichungen im Internet

Autoren und Werke

Wolfdietrich Schnurre: *Auf der Flucht* (ca. 1946)
Wolfgang Borchert: *Nachts schlafen die Ratten doch* (1947)
Heinrich Böll: *An der Brücke* (1949)
Gabriele Wohmann: *Schöne Ferien* (1965)

Zitate

Über die Kurzgeschichte:
„Ein Kunstwerk kann sozusagen nicht kurz genug sein, denn auf seiner gedrängten Kürze beruht sein Wert." (*Gilbert Keith Chesterton*)
„Es gibt nicht *die* Kurzgeschichte. Jede hat ihre eigenen Gesetze." (*Heinrich Böll*)

Aus Kurzgeschichten:
„Die Frau lehnte am Fenster und sah hinüber. Der Wind trieb in leichten Stößen vom Fluß herauf und brachte nichts Neues. Die Frau hatte den starren Blick neugieriger Leute, die unersättlich sind." (*Ilse Aichinger, „Das Fenster-Theater"*)
„Nun erst fiel ihm auf, dass es noch nie daran gedacht hatte, seinen Vater zu bedauern." (*Gabriele Wohmann, „Denk immer an heut Nachmittag"*)

Inhalt

- enthält einen Kern historischer Wahrheit: reale Personen, aber fiktives Geschehen
- Verkündung einer Glaubenswahrheit durch göttliche Offenbarung
- meist religiöse Thematik mit gutem Ausgang

Papst Gregor der Große

Form	Legende	Geschichte
• Erwähnung von Jahreszahlen und/oder historisch beglaubigter Personen • oft weitschweifige Ausschmückungen und fehlende Sachlichkeit		• seit Antike Verbreitung von Heiligen-legenden • kritische Haltung in Renaissance und Reformationszeit (Luther: „Lügende") • „Urban Legends" der Gegenwart

Grundsätzliches

- Begriff kommt vom mittelalterlich-lateinischen Wort **legenda = das, was zu lesen ist:** Andeutung einer von Beginn an schriftlichen Überlieferung
- mittelalterlicher Brauch, am Jahrestag eines Heiligen erbauliche Erzählungen aus seinem Leben vorzulesen
- Unterscheidung von **Märchen und Sage** durch religiösen Bezug der Legende

Inhalt

- Legenden enthalten meist einen **Kern historischer Wahrheit: reale Person,** aber **fiktives Geschehen**
- **Verkündung einer Glaubenswahrheit durch göttliche Offenbarung** oder ein göttlich bewirktes Wunder, keine Darstellung historisch verbürgter Tatsachen
- räumlich und zeitlich meist klar festlegbar
- spielt sich zum Teil in einer feindlichen Umwelt ab
- Erzählung aus dem Leben eines Heiligen: Schilderung einer besonderen Beziehung zu Gott
- Figur muss sich oft bewähren, was sie mit unerschütterlichem Gottvertrauen schafft
- **guter Ausgang**
- Klassifizierung von Legenden:
  - **Christuslegenden**
  - **Märtyrerlegenden**
  - **religiöse Legenden**, z. B. Marienlegenden, Apostellegenden usw.
- **Zweck:** Erbauung des Lesers, Vermittlung religiöser Tugenden und Lobpreisung eines Heiligen

Form und Sprache

- oft Erwähnung von Jahreszahlen oder historisch beglaubigter Personen am Anfang oder Ende
- meist **volkstümliche Erzählung** in Prosa- oder Versform
- **fehlende Sachlichkeit:** offene Wertungen und Meinungsäußerungen
- oft **weitschweifige Ausschmückungen**, nicht nur knapper Tatsachenbericht

- Antike: Niederschrift von Legenden (vor allem über Heilige), die teilweise auch der Geschichtsschreibung zugerechnet werden (Heiligenvita)
- früheste Legendensammlung von Papst Gregor dem Großen (6. Jahrhundert)
- Hochmittelalter: mittelhochdeutsche Versepen, z. B. von Hartmann von Aue oder Konrad von Würzburg
- in **Renaissance und Reformationszeit eher kritische Haltung** gegenüber Fiktionalität der Legenden (Luther bezeichnete sie auch als „**Lügende**")
- im **Barock** Wiederbelebung der Legendendichtung, die nun auch in **weltliche Literatur** eindringt: Legenden behandeln jetzt nicht mehr nur religiöse Themen, sondern werden auf Geschichten mit wundersamem, oft lehrhaftem Inhalt ausgedehnt
- in Aufklärungszeit eher Ablehnung von Legenden, teilweise sogar Verspottung durch Satire
- **Romantik und Biedermeier:** wiedererwachendes **Interesse an Legenden,** die jetzt auch neu geschaffen wurden
- im späteren 19. Jahrhundert höchstens Legenden mit psychologischer Fundierung oder ironischer Distanz
- 20./21. Jahrhundert: nur vereinzelte Entstehung neuer Legenden, stattdessen Parodien der Legende als „Antilegende"
- außerdem sogenannte „**Urban Legends**"; skurrile Geschichten (oft digital verbreitet), meist über Geschehnisse in der Großstadt

Gregor von Tours: *Siebenschläfer-Legende* (6. Jahrhundert)
Papst Gregor der Große: *Dialogi de miraculis patrum Italicorum* (Sammlung um 600)
Hartmann von Aue: *Gregorius* (um 1188)
Johann Wolfgang von Goethe: *Legende vom Hufeisen* (1797)
Heinrich von Kleist: *Die heilige Cäcilie oder Die Gewalt der Musik* (1810)
Joseph Roth: *Die Legende vom heiligen Trinker* (1939)

Über Legenden:
„In der Legende waltet der in den Urbereichen unseres Daseins gründende Trieb, uns das Göttliche und das Heilige näher zu rücken." *(Kurt Ranke)*
„Jedes Volk hat seine spezifische Art, geschichtliche Ereignisse in Legenden oder Symbole umzusetzen, und gewiss weicht oft am Ende die Legende erheblich von dem eigentlichen Geschehen ab." *(Marion Gräfin Dönhoff)*

Aus einer Legende:
„Und am nächsten Sonntage sah der Seher vom Frankental um dieselbe Stunde zwei brennende Kerzen vom Himmel sich auf jene Stelle niedersenken, und eine des Weges daherkommende Frau sah dies Wunder ebenfalls und sah auch, wie die Kerzen wieder himmelan schwebten."
(überliefert von *Ludwig Bechstein,* „Der Seher im Frankental")

Auf einen Blick

E. T. A. Hoffmann

Inhalt
- frei erfundene Wirklichkeit mit typisierten Kontrastfiguren und ohne genaue Orts- und Zeitangaben
- fantastisch-wundersame Elemente
- glücklicher Ausgang

Form   **Geschichte**

- Aufbau: einleitende Formel, Geschichte der Bewährung eines Helden, Schlussformel
- formelhaft-einfache Sprache mit naivem Grundton

- uralte Volksmärchen ohne bestimmbaren Autor (mündliche Überlieferung)
- Sammlung von Volksmärchen durch Brüder Grimm in der Romantik
- Kunstmärchen als Werk eines bestimmten Dichters

Grundsätzliches

- Verkleinerungsform des mittelhochdeutschen Wortes **maere = Kunde, Bericht, Nachricht**
- mündlich überlieferte **Erzählungen von wundersamen Begebenheiten** in Prosa

Inhalt

- Geschichte von **wundersamem Charakter**
- **fantastische Elemente**, z. B. sprechende Tiere, Feen, Hexen, Verwandlungen usw.
- beschriebene Wirklichkeit ist **frei erfunden**
- **keine genauen Angaben zu Ort und Zeit**
- häufig **Wandermotiv**: Held (oft junger Mensch), der seine Heimat verlässt, sich in (drei) Prüfungen bewähren muss und am Ende Erfolg hat
- **glücklicher Ausgang**: extreme Belohnung für den Helden, extreme Bestrafung für seinen Gegenspieler
- **typisierte Kontrastfiguren**: arm / reich; jung / alt; schön / hässlich; gut / böse
- Helden oft ohne Namen, mit Allerweltsnamen oder sprechenden Namen
- Mensch ist wandlungsfähig und kann Reifevorgang durchlaufen
- Konzentration auf einen einzelnen Helden
- Held ist von Gemeinschaft isoliert, bekommt aber die Hilfe **guter Mächte**
- Held hat Vertrauen in die Welt
- häufig bestimmte **Requisiten und Schauplätze**, z. B. Spiegel, Brunnen, Schloss
- **Symbolzahlen**, z. B. 3 Wünsche, 7 Zwerge usw.
- Inhaltliche **Besonderheiten des Kunstmärchens**:
  - neuartige und fantastische Wundergeschichten
  - **Weltanschauung einer bestimmten Person** wird zum Ausdruck gebracht
  - oft **Nennung eines konkreten Schauplatzes**
  - verfolgen oft pädagogische Ziele
  - **Zweck**: Gestaltung einer Gegenwelt zum Alltag; Flucht in eine andere (teilweise auch idyllische) Welt

Märchen

Form und Sprache

- **Aufbau:**
  - **einleitende Formel** („Es war einmal…")
  - Geschichte des Helden, der sich bewähren muss
  - **Schlussformel** („Und wenn sie nicht gestorben sind, dann leben sie noch heute.")
- **formelhaft-einfache Sprache**
- parataktische Satzstruktur
- naiver Grundton
- im **Kunstmärchen:** oft **kunstvollere sprachliche Gestaltung** (z. B. Allegorien), die sich aber meist bemüht, die einfache Sprache des Volksmärchens nachzuahmen

Geschichte der Gattung

- **Volksmärchen:** meist sehr alt, **mündlich überliefert** (deshalb oft ganz unterschiedliche Versionen eines Märchens) und **ohne eindeutig bestimmbaren Autor**
- Märchen tauchen in fast allen Kulturen in ähnlicher Form auf
- Barden der Spätantike und des Mittelalters als frühe europäische Märchenerzähler
- spätestens ab dem Mittelalter: Verschriftlichung vorher rein mündlich überlieferter Märchen
- Mitte des 18. Jahrhunderts: Einfluss französischer Modemärchen, die sehr kunstvoll verfasst sind
- in der **Romantik Rückbesinnung** auf das mündlich überlieferte **Volksmärchen: Märchensammlung der Brüder Grimm** im frühen 19. Jahrhundert
- **Kunstmärchen** als **Werk eines bestimmten Dichters** – Höhepunkt ebenfalls in der Romantik (z. B. E. T. A. Hoffmann)
- **Frühromantik:** künstliche Schöpfungen; **Spätromantik:** stärkere Orientierung an Volksmärchen
- **modernes Antimärchen:** negativer Held, der an den Kräften seiner Umwelt verzweifelt
- inzwischen gibt es auch einige Märchenparodien, z. B. die „7 Zwerge"-Filme von Otto Waalkes

Autoren und Werke

Ludwig Tieck: *Der blonde Eckbert* (1797)
Hänsel und Gretel, Rapunzel, Das tapfere Schneiderlein, Aschenputtel, Rumpelstilzchen, Rotkäppchen, Dornröschen (in der Sammlung *Kinder- und Hausmärchen* der Brüder Grimm, 1812/15)
E. T. A. Hoffmann: *Der goldene Topf* (1814)
Wilhelm Hauff: *Das Wirtshaus im Spessart* (1828)

Zitate

Über das Märchen:
„Wenn du intelligente Kinder willst, lies ihnen Märchen vor. Wenn du noch intelligentere Kinder willst, lies ihnen noch mehr Märchen vor." *(Albert Einstein)*
„Keine andere Dichtung versteht dem menschlichen Herzen so feine Dinge zu sagen wie das Märchen." *(Johann Gottfried von Herder)*

Aus Märchen:
„Da hatten alle Sorgen ein Ende, und sie lebten in lauter Freude zusammen." („Hänsel und Gretel")
„Es war einmal ein Müller, der war arm, aber er hatte eine schöne Tochter." („Rumpelstilzchen")
„Und wenn sie nicht gestorben sind, leben sie heute noch." *(Johann Wilhelm Wolf,* „Der Schäferssohn und die zauberische Königstochter")

Auf einen Blick

A. v. Droste-Hülshoff

Inhalt
- besondere Begebenheit im Mittelpunkt
- zentraler Konflikt im Leben eines Menschen, z. B. Zusammenprall von Mensch und Schicksal
- Möglichkeit der symbolischen Deutung

Form	Novelle	Geschichte

Form
- Erzählung von mittlerem Umfang
- geschlossene Form: geraffte Exposition, Steigerung, zugespitzter Höhe- und Wendepunkt, Spannungsabfall, Ausklang
- Vorausdeutende Leitmotive / Dingsymbole

Geschichte
- Boccaccio als Begründer der schriftlichen Novellentradition (14. Jahrhundert)
- Novelle laut Goethe Erzählung von „unerhörter Begebenheit"
- Höhepunkt in Biedermeier und Realismus

Grundsätzliches

- Begriff kommt vom lateinischen **novus = neu** bzw. vom italienischen Wort **novella = Neuigkeit**
- Schwierigkeit, Novelle und Erzählung voneinander abzugrenzen

Inhalt

- **Konzentration auf Wesentliches:** meist einsträngige Kernhandlung
- Erzählung einer **besonderen Begebenheit** – es geht nie um eine einfache Alltagssituation
- **zentraler Konflikt**, z. B. Zusammenprall von Mensch und Schicksal oder von Realem und Außergewöhnlichem, der zu Normenbruch führt (Novelle deshalb oft als Krisenerzählung bezeichnet)
- Novellengeschehen ist **glaubhaft**, selten mystisch und unrealistisch, auch wenn **unkontrollierbare Mächte** eine Rolle spielen können – oft Aktualität und Realitätsbezug der Novelle
- **beschränkte Anzahl auftretender Personen** mit oft nur einem bestimmenden Charakterzug
- **Zufall** spielt häufig eine entscheidende Rolle
- Inhalt kann oft **symbolisch gedeutet** werden
- endet häufig mit **Ergebnis oder Resultat**, ohne dass darin eine Moral enthalten sein muss
- Zukunft der Figuren wird meist nur angedeutet

Form und Sprache

- meist in Prosa verfasste **Erzählung von mittlerem Umfang**
- geradlinige, **konzentrierte Handlungsführung**, aber Erzählung oft nicht chronologisch
- große **Geschlossenheit der Form** (ähnlicher Aufbau wie bei klassischem Drama): geraffte Exposition, Steigerung, zugespitzter Höhe- und Wendepunkt, Spannungsabfall und Ausklang
- **Raffungen, kaum breite Schilderungen**, aber oft **szenisch ausgestalteter Höhepunkt**
- **Vorausdeutungstechnik** mithilfe von **Leitmotiven und Dingsymbolen**
- einerseits **Bemühung um Objektivität**, andererseits oft subjektive Erzählhaltung
- **Einbettung** der Haupthandlung in eine **Rahmenhandlung:** z. B. Beginn mit bestimmter Situation (Rahmenhandlung), in der zurückliegendes Ereignis (Haupthandlung) erzählt wird
- „**Falkentheorie**" nach Heyse: Silhouette (Konzentration auf straffen Handlungsumriss) und Dingsymbol mit vorausdeutender / gliedernder Funktion (z. B. Falke) als zentrale Formmerkmale

Geschichte der Gattung

- Brauch, sich in geselliger Runde kurze, unterhaltsame Geschichten zu erzählen, als **Ursprung der Novelle**
- **Begründer der schriftlichen Novellentradition:** Italiener Giovanni Boccaccio mit seiner Novellensammlung „Decamerone" (zwischen 1349 und 1353 verfasst)
- Entstehung weiterer Novellenzyklen in England, Frankreich und Spanien
- Ende des 18./Anfang des 19. Jahrhunderts: **erste Novellen in Deutschland** (Goethe, Wieland)
- Goethe: Novelle erzählt von einer **unerhörten Begebenheit**, die einen **Wendepunkt** markiert
- ab 1800 rückt statt Novellenzyklus vermehrt Einzelnovelle in den Vordergrund
- Romantik: **Novellen mit märchenhaften und fantastischen Zügen**
- Biedermeier und Realismus als **Höhepunkte der Novelle in Deutschland:** bei Autoren des poetischen Realismus große Beliebtheit – **vertiefte Figurengestaltung** als Kennzeichen
- ab dem späten 19. Jahrhundert: **Vorstoß in den psychologischen Bereich**
- Naturalismus: Novelle als **quasi-wissenschaftliche Studie**
- 20. Jahrhundert: **verstärkte Formenvielfalt,** z. B. teilweise fragmentarische, zerfließende Handlung, aber auch Streben nach neuer Geschlossenheit der Form
- Novelle bleibt auch im 20. und 21. Jahrhundert beliebte Gattung, teilweise aber auch **Annäherung an Kurzgeschichte und Roman**

Autoren und Werke

Heinrich von Kleist: *Das Erdbeben in Chili* (1807)
Johann Wolfgang von Goethe: *Novelle* (1828)
Annette von Droste-Hülshoff: *Die Judenbuche* (1842)
Theodor Storm: *Der Schimmelreiter* (1888)
Stefan Zweig: *Schachnovelle* (1925)
Patrick Süskind: *Die Taube* (1987)

Zitate

Über die Novelle:
„Novellen werden vorzüglich eine Art von Erzählungen genannt, welche sich von den großen Romanen durch die Simplicität des Plans und den kleinen Umfang der Fabel unterscheiden, oder sich zu denselben verhalten wie die kleinen Schauspiele zu der großen Tragödie und Komödie."
(Christoph Martin Wieland)
„Denn was ist eine Novelle anders als eine sich ereignete unerhörte Begebenheit."
(Johann Wolfgang von Goethe)

Aus Novellen:
„Ich kann daher um so weniger weder die Wahrheit der Tatsachen verbürgen, als, wenn jemand sie bestreiten wollte, dafür aufstehen; nur so viel kann ich versichern, daß ich sie seit jener Zeit [...] niemals aus dem Gedächtnis verloren habe." (*Theodor Storm,* „Der Schimmelreiter")
„Jemand, der auf neun Züge im Voraus ein Matt berechnen konnte, musste ein Fachmann ersten Ranges sein, vielleicht sogar ein Konkurrent um die Meisterschaft, der zum gleichen Turnier reiste, und sein plötzliches Kommen und Eingreifen gerade in einem so kritischen Moment hatte etwas fast Übernatürliches." (*Stefan Zweig,* „Schachnovelle")

Auf einen Blick

Franz Kafka

Inhalt
- Gleichnischarakter: Allgemeines / Abstraktes wird am Besonderen / Konkreten dargestellt
- Behandlung moralischer Fragen und ethischer Grundsätze
- Vermittlung allgemeiner Wahrheit und Lehre

Form	Parabel	Geschichte
• lehrhafte, kurze Erzählung • Bildebene steht symbolisch für Sachebene • bildhafte Sprache: Metaphern, Vergleiche, Personifikationen		• erstes Auftauchen in antiker Rhetorik • Parabeln im Neuen Testament • Beliebtheit in allen Epochen, besonders in der Aufklärung

Grundsätzliches

- Begriff stammt vom griechischen **parabole = Nebeneinanderwerfen, Gleichnis, Vergleich**
- Vergleich, der zu einer Erzählung ausgeweitet ist

Inhalt

- **Gleichnischarakter:** das Allgemeine und Abstrakte wird am Besonderen und Konkreten dargestellt
- Auftreten **typisierter Figuren**
- Aufwerfen von **Fragen über Moral und ethische Grundsätze**
- ein Vergleichspunkt **ermöglicht Analogieschluss auf einen bestimmten, anderen Sachverhalt**
- Parabel führt oft auch einen von der Norm abweichenden Einzelfall vor, sodass der Blick für neue Verhaltensmuster geöffnet wird
- Parabel gibt oft vor, wie man sein Verhalten verbessern kann, und kritisiert es nicht nur (wie meist in der Fabel)
- bei traditionellen Parabeln häufig **religiöser Bezug und Lehre / Moral**
- **Zweck:** Vermittlung einer allgemeinen Wahrheit und Lehre, Erkenntnissuche, Existenzdeutung

Form und Sprache

- **lehrhafte, kurze Erzählung**, wobei Lehre nicht immer explizit genannt wird
- **bildhafte Sprache** mit Metaphern, Vergleichen und Personifikationen
- meist **Prosaform**, gelegentlich aber auch in Versen
- **Veranschaulichung: besondere Bildebene** steht für die **allgemeinere Sachebene**
- in modernen Parabeln oft Verschmelzung von Bild- und Sachebene, die dann vom Leser erschlossen werden müssen
- immer wieder Einbettung in größeren Erzählzusammenhang

- erstes **Auftauchen** schon in der **antiken Rhetorik**, um Argumentation durch eine Geschichte zu unterstützen
- Verwendung von **Parabeln im Neuen Testament**
- **Beliebtheit durch alle Epochen**, besonders aber in der Aufklärung
- 20. Jahrhundert: parabolisches Dichten häufig als einzig mögliche Art und Weise, Aussagen über menschliche Befindlichkeit zu machen, wobei Enträtselung oft schwerfällt

Autoren und Werke

Menenius Agrippa: *Die Parabel vom Magen und den Gliedern* (ca. 494 v. Chr.)
Bibel (Lukasevangelium): *Das Gleichnis vom verlorenen Sohn* (1. Jahrhundert nach Christus)
Gotthold Ephraim Lessing: *Ringparabel*. In: *Nathan der Weise* (1779)
Franz Kafka: *Vor dem Gesetz* (1915)
Bertolt Brecht: *Geschichten vom Herrn Keuner* (Sammlung, entst. ab 1926)
Erich Kästner: *Das Eisenbahngleichnis* (1931)

Zitate

Über die Parabel:
„Die Parabel befasst sich nicht mit dem, was jeder typischerweise tut, sondern sie erzählt etwas Besonderes." *(D. O. Via)*
„Die moderne Dichtung trägt einen Zug zur ‚Parabel' in sich. Sie steht im Zeichen einer Wiederkehr dieser alten Form." *(Norbert Miller)*

Aus Parabeln:
„Denn dieser mein Sohn war tot und ist wieder lebendig geworden; er war verloren und ist gefunden worden." *(Lukasevangelium, „Das Gleichnis vom verlorenen Sohn")*
„[…] Soll
Mich bloß entschuldigen, wenn ich die Ringe
Mir nicht getrau zu unterscheiden, die
Der Vater in der Absicht machen ließ,
Damit sie nicht zu unterscheiden wären."
(Gotthold Ephraim Lessing, „Nathan der Weise")
„Vor dem Gesetz steht ein Türhüter. Zu diesem Türhüter kommt ein Mann vom Lande und bittet um Eintritt in das Gesetz. Aber der Türhüter sagt, daß er ihm jetzt den Eintritt nicht gewähren könne. Der Mann überlegt und fragt dann, ob er also später werde eintreten dürfen. ‚Es ist möglich,' sagt der Türhüter, ‚jetzt aber nicht.'" *(Franz Kafka, „Vor dem Gesetz")*

Auf einen Blick

Inhalt
- oft Blick auf einmalige Einzelpersönlichkeit und deren Interaktion mit Mitmenschen und Umwelt
- häufig Spiegelung der Situation der Welt und des Standortes des Menschen darin
- innere Entwicklungen bestimmen oft Gang des Romans

Theodor Fontane

Form	Roman	Geschichte
• epische Großform in Prosa • große Formenvielfalt und Wandel im Laufe der Zeit als Anpassung an veränderte Wirklichkeit • Synthese verschiedener Gattungen		• Prosaauflösungen mittelalterlicher Epen als erste Romane • Begründung des deutschen Bildungsromans durch Wieland • verbreitetste Gattung seit dem 19. Jhd.

Grundsätzliches

- Begriff stammt aus französischem Mittelalter: bezeichnet in der „lingua romana" verfasste Werke
- ab dem 17. Jahrhundert Roman als deutsche Bezeichnung für erzählende Großformen in Prosa

Inhalt

- oft **Behandlung eher privater Stoffe** aus subjektiver Sicht
- meist Blick auf **Einzelpersönlichkeit** (mit differenzierter Darstellung der **Figurenpsychologie**) und deren **Interaktion mit Mitmenschen und Umwelt**
- trotz Gebundenheit an Außenwelt bedingen oft **innere Entwicklungen** den Gang des Romans
- spiegelt **Situation der Welt und Standort des Menschen:**
  – Abbildung einer zunehmend differenzierten Welt
  – im Laufe der Zeit **Verlagerung der Handlung vom äußeren Geschehen ins Innere**
  – seit bürgerlicher Revolution des 18./19. Jahrhunderts: **Rückgang des aktiven, positiven Helden** – nun oft schwacher, fremdbestimmter und orientierungsloser Held
- verschiedene Romantypen und ihre spezielle Thematik:
  – **Bildungs- und Entwicklungsroman:** Bildungs-/Entwicklungsgang eines Helden als Prozess
  – **Familienroman:** Familie steht über mehrere Generationen hinweg im Mittelpunkt
  – **Gesellschaftsroman:** Wechselwirkungen zwischen Mensch und seiner Umwelt
  – **Kriminalroman:** Verbrechen und dessen Aufdeckung stehen im Zentrum
  – **Künstlerroman:** problematisches Verhältnis eines Künstlers zu seiner Umwelt
  – **Historischer Roman:** fiktive oder historische Persönlichkeiten in geschichtlich realem Kontext
  – **Zeitroman:** Analyse realer zeitgenössischer Gegebenheiten

Form und Sprache

- epische **Großform** – notwendiges Merkmal: **Prosaform**
- große Vielfalt in Form und Sprache: **Gattung ständig im Wandel**
- **Anfänge des Romans bis zum frühen 20. Jahrhundert:**
  – meist auktorialer Erzähler und weitestgehend geschlossene Form mit rundem Abschluss
  – klare Strukturierung der Handlung und Ereignisse durch feste Raum-Zeit-Einteilung

Roman

- **Anpassung an veränderte Wirklichkeit in der Moderne:**
  - Verzicht auf allwissenden Erzähler und einheitliche Wirklichkeit; Roman bleibt oft Fragment
  - Relativierung von Raum und Zeit sowie offener, uneindeutiger Schluss
  - Erzähltechnik des inneren Monologs und „Stream of Consciousness"
- **postmoderner Roman:** klarer Aufbau, Sprengung gewohnter Sprachgrenzen, metanarrative Elemente, Ironie, Fehlen eines Authentizitätsanspruchs (starke Mischung von Fiktion und Fakten)

Geschichte der Gattung

- Vorgängerformen: bis ins 4. Jhd. n. Chr. antike Romane mit Liebes- und Abenteuermotiv
- spätes Mittelalter / Renaissance: **Prosa-Übertragung mittelalterlicher Epen** als erste Romane
- Barock: erster bedeutender deutscher Roman (Grimmelshausen: *Simplicissimus*)
- ab 1700: Aufwertung zur literarischen Gattung (zuvor oft nur Nutzung als historische Quelle)
- Aufklärung: Robinsonaden, psychologische Familienromane, humoristische Sittenromane etc.
- Begründung des **deutschen Bildungsromans** durch Christoph M. Wieland
- Sturm und Drang: bedeutender **Briefroman** „Die Leiden des jungen Werther" von Goethe
- ab dem 19. Jahrhundert: Roman als am weitesten **verbreitete literarische Gattung**
- Klassik: **Entwicklungs- und Bildungsroman** wie Goethes „Wilhelm Meister" sehr beliebt
- Romantik, Biedermeier, Realismus, Strömungen des frühen 20. Jahrhunderts: Aufgreifen der Entwicklungs-, Erziehungs-, Bildungsthematik, aber auch Aufkommen des Historischen Romans
- Realismus und Naturalismus: **realistische Gesellschaftsromane** und **soziale Romane**
- Expressionismus / Moderne: Montageroman und experimenteller Roman
- ab 1945: v. a. Aufarbeitung der jüngsten Vergangenheit, aber auch Neuorientierung in Gegenwart
- ab dem 19. Jahrhundert bis ins 21. Jahrhundert: steigende Beliebtheit des **Trivialromans**
- Postmoderne: Überwindung der Kluft zwischen intellektuellem Anspruch und Massengeschmack

Autoren und Werke

Johann Wolfgang von Goethe: *Die Leiden des jungen Werther* (Briefroman, 1774), *Wilhelm Meisters Lehrjahre* (Bildungsroman, 1795/96)
Theodor Fontane: *Effi Briest* (Gesellschaftsroman, 1894/95)
Thomas Mann: *Buddenbrooks* (Gesellschaftsroman, 1901)
Umberto Eco: *Der Name der Rose* (postmoderner Roman, 1980)

Zitate

Über den Roman:
„Ein Roman ist wie der Bogen einer Geige und ihr Resonanzkörper wie die Seele des Lesers." (Stendhal)
„Ein guter Roman verrät uns die Wahrheit über den Romanhelden. Ein schlechter Roman verrät uns die Wahrheit über den Romanautor." (*Gilbert Keith Chesterton*)

Aus Romanen:
„Im Schatten eines mächtigen Felsen saß Wilhelm an grauser, bedeutender Stelle, wo sich der steile Gebirgsweg um eine Ecke herum schnell nach der Tiefe wendete." (*Johann W. v. Goethe*, Beginn von „Wilhelm Meisters Wanderjahre")
„Es gab überhaupt keine Dinge in Grenouilles innerem Universum, sondern nur die Düfte von Dingen." (*Patrick Süskind*, „Das Parfum")

Auf einen Blick

Brüder Grimm

Inhalt
- fiktive Erzählung über ein historisches Geschehen mit einem realen Kern
- Auftreten fantastischer Elemente
- häufig tragisches Ende

Form	**Sage**	**Geschichte**
• einfache, oft mundartlich gefärbte Sprache • oft nur skizzenhafte Darstellung		• zunächst nur mündliche Überlieferung • Sagensammlung der Brüder Grimm • Entstehung von Kunstsagen

Grundsätzliches

- Begriff „Sage" kommt von althochdeutsch **saga = Gesagtes**: Andeutung der mündlichen Überlieferung
- Hauptunterscheidungsmerkmal von Sage und Legende: Legende fast immer mit religiösem Inhalt

Inhalt

- Sage braucht nicht zwingend eine Handlung, sondern kann auch nur eine Situation schildern
- **Erzählung eines fiktiven Geschehens** mit realem Bezugspunkt, der aber oft so von fantastischen Elementen überlagert wird, dass er kaum mehr auszumachen ist
- **fantastische Elemente**, die aber mit realen Personen, Orten und Ereignissen verknüpft werden: Eindruck eines Tatsachenberichts – **höherer Realitätsanspruch als im Märchen**
- im Gegensatz zum Märchen, in dem Übersinnliches und diesseitige Welt verschmelzen, wird in der Sage **Einbruch des Übernatürlichen** oft als bedrohlich oder zerstörerisch wahrgenommen
- **Vermenschlichung von Pflanzen und Tieren** und **Auftreten übernatürlicher Wesen**
- Held ist in Gemeinschaft eingebettet, aber im Kampf einsam und auf sich allein gestellt
- Held ist unerschütterlich, obwohl seine Furcht spürbar ist, und muss sich bewähren
- häufig **tragisches Ende**
- verschiedene **Typen** von Sagen:
  - Göttersagen = Mythen: Erzählungen über die Schaffung der Welt, über die Götterwelt, über die Auseinandersetzungen zwischen den Göttern und über ihre Beziehung zu den Menschen
  - Heldensagen: Geschichte, Politik und Auseinandersetzungen berühmter Herrscherfamilien als Thema – dabei besondere Konzentration auf einen bestimmten Helden
  - Lokalsagen: bilden sich um bestimmte Orte
  - Ätiologische Sagen: erklären Namensgebung bestimmter Landschaften oder Naturerscheinungen oder verleihen einem Ort übersinnliche Bedeutung
  - Natursagen: erklären seltsame und unerklärliche Naturereignisse
  - Geschichtssagen: thematisieren ein historisches Ereignis
- **Zweck:** oft Erklärung von bestimmten Geschehnissen und Gegebenheiten

Form und Sprache

- zum Teil Ich-Form oder Anschein des „Zeugenberichts"
- einfache Sprache, die oft mundartlich gefärbt ist
- meist in Prosa-, manchmal auch in Versform
- fast immer im Präteritum verfasst
- wenig Ausgestaltung in Stil und Form, oft nur skizzenhafte Darstellung

Geschichte der Gattung

- zunächst nur mündliche Überlieferung von Sagen, dann Sammlung und Niederschrift (teilweise auch Veränderung und Anpassung an regionale Gegebenheiten)
- eigentliche Verfasser der Sagen sind normalerweise unbekannt
- ab dem frühen 19. Jahrhundert verstärkte Sammeltätigkeit der Brüder Grimm: Entstehung des Gattungsbegriffs der Sage
- in der Romantik Entstehung von Kunstsagen nach dem Vorbild alter Sagensammlungen
- 20./21. Jahrhundert: moderne Sagen, die z. B. per E-Mail weiterverbreitet werden und frühere Sagenstoffe mit Themen wie Tod, Krankheit, Verbrechen und Wahnsinn aktualisieren

Autoren und Werke

Hildebrandslied (schriftliche Fixierung im 9. Jahrhundert)
Die Nibelungen (schriftliche Fixierung um 1200)
Der Rattenfänger von Hameln (überliefert von den Brüdern Grimm in der Sammlung *Deutsche Sagen* von 1816/18)
Ludwig Bechstein: *Deutsches Sagenbuch* (Sammlung, 1853)
Bernhard Jolles: *Das neue Sagenbuch* (Sammlung, 1922)

Zitate

Über die Sage:
„Das Erste, was ein aufrichtiges Gemüt aus der Betrachtung alter Fabel und Sage lernen kann, ist, dass hinter ihnen kein eitler Grund, keine Erdichtung, sondern wahrhafte Dichtung liegt."
(Jacob Grimm)

Aus Sagen:
„Dieser Anschlag schlug aber fehl, und seit dieser Zeit verloren sich die Heinzelmännchen ganz; wie überhaupt überall der Vorwitz der Leute schon so manches Schöne in der Welt zerstört hat."
(überliefert von *Ernst Weyden*, „Die Heinzelmännchen zu Köln")
„Im Jahre 1284 ließ sich zu Hameln ein wunderlicher Mann sehen. Er hatte einen Rock von vielfarbigem, buntem Tuch an und gab sich für einen Rattenfänger aus, indem er versprach, gegen ein gewisses Geld die Stadt von allen Mäusen und Ratten zu befreien. " (überliefert von den *Brüdern Grimm*, „Der Rattenfänger von Hameln")

Inhalt

- Karikierung von Alltagsnormen
- Streiche und listenreiches Verhalten
- Verspottung eines höhergestellten Dummen
  durch Gerissenen von niedrigem sozialen Rang

Gottfried August Bürger

Form	Schwank	Geschichte

Form
- scherzhafte Erzählung mit oft grober
  Wortwahl
- zielstrebige Hinführung zu einer Pointe
- Typisierung und Überzeichnung der
  auftretenden Personen
- volksnahe Sprache

Geschichte
- Entstehung des Schwank-Romans (z. B.
  Till Eulenspiegel) im 13. Jahrhundert
- 14./15. Jahrhundert: teilweise
  Abgleiten ins Obszöne
- 16. Jahrhundert: Blütezeit der Schwankliteratur

Grundsätzliches

- Begriff kommt vom mittelhochdeutschen Wort **swanc = schwingende Bewegung, Streich,**
  im übertragenen Sinne auch lustiger Einfall
- Nähe zu Kalendergeschichte und Anekdote

Inhalt

- **Hinterfragung von Alltagsnormen** durch Karikierung
- **häufige Themen:**
  – Ohnmacht des Mächtigen
  – Fehlbarkeit des vermeintlich Unfehlbaren
  – aber auch triviale Alltagsthemen oder obszöne Inhalte, die in Literatur sonst nicht so häufig
    angesprochen werden (z. B. betrogene Betrüger, getäuschte Ehemänner, ertappte Pfaffen usw.)
- **Streiche und listenreiches Verhalten** decken unerwartete Eigenschaften auf
- oft **Verspottung eines höhergestellten Dummen** durch einen Gerissenen von niedrigem
  sozialen Rang
- **Zweck:** kurzweilige Unterhaltung

Form und Sprache

- **scherzhafte Erzählung** in Prosa
- ab dem 19. Jahrhundert auch als derb-komisches Schauspiel
- Autor oft unbekannt
- **zielstrebige Hinführung zu einer Pointe** (Nähe zur Anekdote)
- Arbeit mit **Mitteln des Gegensatzes**
- **Typisierung und Überzeichnung** der auftretenden Personen
- volksnah und exemplarisch

Geschichte der Gattung

- **9./10. Jahrhundert:** Erscheinen von lateinischen Schwänken mit Motiven aus Antike und Orient – Motivaustausch durch die Kreuzzüge
- **13. Jahrhundert:**
  - Übernahme der starken Zuspitzung aus französischen Schwänken
  - Entstehung des **Schwank-Romans**, der um eine zentrale Figur gruppiert ist, z. B. „Pfaffe Amis" (später auch „Till Eulenspiegel")
- **14./15. Jahrhundert:** Abgleiten des Schwanks ins **Obszöne**
- **16. Jahrhundert: Blütezeit der Schwankliteratur** – Schwänke mit moralischer Belehrung und kunstvoller Gestaltung durch Humanisten, aber auch derb-volkstümliche Schwanksammlungen
- **17. Jahrhundert:** Absinken der Gattung und vorübergehendes Verschwinden, aber Wiederaufleben im 18. Jahrhundert
- **seit dem 19. Jahrhundert:** Bemühung um Erhaltung der Gattung durch **Schwankkonzeption für Volksbühnen**, Schwanksammlungen und **Verfassen von Schwänken in Mundart**

Autoren und Werke

Stricker: *Pfaffe Amis* (um 1230)
Hermann Bote: *Ein kurzweiliges Buch von Till Eulenspiegel aus dem Lande Braunschweig* (1510/12)
Die Schildbürger (unbekannter Autor, 1598)
Gottfried August Bürger: *Wunderbare Reisen zu Wasser und Lande, Feldzüge und lustige Abenteuer des Freiherrn von Münchhausen* (1786)

Zitate

Über den Schwank:
„Der Schwank ist eine Kurzgeschichte, die zum Lachen reizt." *(Friedrich Sieber)*

Aus Schwänken:
„‚Laß nur, meine Tochter', erwiderte der Küster, ‚dem wollen wir schon abhelfen!' Und als am nächsten Sonntag das Vorläuten verklungen war, kroch er hinter den Altar und versteckte sich daselbst." (überliefert von *Ulrich Jahn*, „Die fromme Edelfrau")
„Derweil saß Eulenspiegel auf dem Seil, lachte und rief: ‚Hehe, sucht nun die Schuhe, wie ich kürzlich ausbaden mußte!' Und er lief von dem Seil, und ließ die Jungen und Alten sich um die Schuhe zanken." (*Hermann Bote*, „Till Eulenspiegel")
„Als sie aufwachten, da war aber die Verwirrung groß. Denn keiner konnte seine eigenen Beine, geschweige denn seine Füße wieder finden!" (*unbekannter Autor*, „Die Schildbürger")

Allgemeine Einführung

Der Begriff **Drama** kommt aus dem Griechischen und bedeutet **Handlung**. Dramentexte sind in der Regel für die Aufführung konzipiert: Die **fiktiven Figuren handeln auf einer Bühne**, um dem **Zuschauer** ein Geschehen unmittelbar zu vergegenwärtigen. Falls ein Drama nicht für das Theater gedacht ist, dann handelt es sich um ein sogenanntes Lesedrama. Der Dramentext besteht vor allem aus dem **gesprochenen Text der Figuren**, enthält aber z. B. auch Hinweise zur **Mimik und Gestik** der Schauspieler, zur **Bühnengestaltung** und zu **Requisiten**.

Dramenaufbau

- **geschlossene Form:**
  - idealtypischer **Aufbau aus Exposition, Steigerung, Peripetie, fallender Handlung und Katastrophe bzw. Lösung**
  - Einheit von Ort, Zeit und Handlung
  - zielstrebige Hinführung der Handlung auf einen Schluss hin
  - klarer Beginn und eindeutiges Ende
  - Beschränkung auf einige wenige Figuren
  - einheitliche Sprache
- **offene Form:**
  - Vielfalt in Bezug auf Ort, Zeit und Handlung
  - keine lineare Handlungsführung
  - oft kein klarer Beginn, häufig mit offenem Ende
  - viele Figuren
  - unterschiedliche Sprachebenen
  - offene, teilweise fragmentarische Bauform
- häufig **Mischformen** aus den beiden idealen Mustern

Gliederungselemente

- **Szene/Auftritt:** Gliederungselement des Dramas, meist verbunden mit Auftreten neuer Figuren bzw. Handlungs-, Geschehens- oder Schauplatzänderung
- **Akt/Aufzug:** Hauptabschnitt des Dramas, der gesamtes Stück strukturiert; beim klassischen Drama meist fünf Akte/Aufzüge, später oft weniger oder vollständiges Wegfallen der Akte/Aufzüge
- **Haupttext:** Figurenrede im Drama
- **Nebentext:** Text im Drama, der nicht von den Figuren gesprochen wird (z. B. Titel, Untertitel, Personal, Regieanweisungen usw.)

Raum- und Zeitgestaltung

- lange Zeit vorherrschende Regel zur Raum-, Zeit- und Handlungsgestaltung: **Lehre von den drei Einheiten** (ursprünglich nach Aristoteles):
  - **Einheit des Ortes:** immer gleichbleibender Schauplatz
  - **Einheit der Zeit:** möglichst Übereinstimmung von Spielzeit und gespielter Zeit, maximal Darstellung von 24 Stunden
  - **Einheit der Handlung:** klarer Fokus auf Haupthandlung; Nebenhandlung muss funktional auf Haupthandlung bezogen sein

- **Raumgestaltung:**
  - je nach Intention des Autors Annäherung des fiktiven an den realen Raum oder Entfernung davon
  - Bandbreite von der Gestaltung eines illusionistischen bzw. eines realistischen Bühnenbildes bis hin zur Aufhebung der Trennung von Bühne und Zuschauerraum bzw. Verfremdung
  - Raumgestaltung oft mit Symbolfunktion oder zur Figurencharakterisierung
- **Zeitgestaltung:**
  - Verhältnis zwischen **Spielzeit** (Dauer des Stücks ohne Pausen) und **gespielter Zeit** (Zeitspanne der dargestellten Ereignisse)
    - **Zeitraffung** (z. B. durch Auslassung bzw. Verkürzung von Handlungselementen)
    - **Zeitdehnung** (z. B. durch Reflexionen)
  - **chronologische Darstellung** der Ereignisse oder **Rückblenden** oder **Simultaneität** (gleichzeitige Darstellung verschiedener Handlungen)

Dramatische Sprache

- **Monolog:** Einzelrede einer Figur im Drama, die nicht an einen Adressaten auf der Bühne gerichtet ist
- **Dialog:** abwechselnde Rede zwischen zwei oder mehr Personen auf der Bühne
- **Mischformen:**
  dialoghafter Monolog: Sprecher führt Dialog mit sich selbst (Anrede in der zweiten Person) oder wendet sich an Gott oder das Publikum
  - **monologhafter Dialog:** Dialogpartner reden aneinander vorbei oder es herrscht völlige Übereinstimmung
- **Sprechweise:** Intonation, Lautstärke, Sprechgeschwindigkeit etc. als aussagekräftige Elemente
- **„Beiseitesprechen":** nicht an Adressaten auf der Bühne gerichtet, aber Anwesenheit anderer Figuren ist Sprecher bewusst (z. B. „lautes Denken")

Weitere Gestaltungsmittel

- **Gezeigte / offene Handlung:** Handlung, die der Zuschauer auf der Bühne mitverfolgen kann
- **Verdeckte Handlung:** Figur auf der Bühne berichtet von einer zeitlich oder räumlich versetzten Handlung, die der Zuschauer nicht unmittelbar miterlebt:
  - Exposition (Vermittlung der Vorgeschichte)
  - Botenbericht (Figur berichtet von einem zurückliegenden Geschehen)
  - Teichoskopie / Mauerschau (Figur berichtet von einem gleichzeitig ablaufenden Ereignis, das der Zuschauer nicht sehen kann)
- **Mimik und Gestik:** Gesichtsausdruck und Körperverhalten als die Figurenrede begleitende Gestaltungsmöglichkeit
- **Requisiten:** (bewegliche) Gegenstände, die sich auf der Bühne befinden (teilweise zum Bühnenbild gehörig, teilweise Handlungsgegenstände), wie z. B. ein Buch, ein Schwert oder ein Glas
- **Kostümierung:** Kleidung, Schmuck etc.
- Anleihen aus den anderen Gattungen: **epische Elemente** (z. B. Botenbericht) und **lyrische Elemente** (z. B. Chorlied) als Teil der Bühnenhandlung

Auf einen Blick

Samuel Beckett

Inhalt

- Vorstellung einer sinnentleerten menschlichen Existenz und Welt als Ausgangspunkt
- Protest gegen bürgerliche Scheinsicherheit, oft durch Darstellung von Unterjochungs-Prozessen
- Verknüpfung von Zusammenhangslosem

Form

Absurdes Theater

- marionettenhafte, entmenschlichte Figuren mit banaler, formelhafter Sprache
- Verfremdungen
- Verzicht auf logischen Handlungsvorgang

Geschichte

- Wurzeln in Narrenliteratur und Commedia dell'arte (15.–18. Jahrhundert)
- ab 1900: erste experimentelle Phase
- 1940er-/50er-Jahre: konsequentere, radikalere Abwendung vom klassischen Theater

Grundsätzliches

- Begriff „absurd" aus dem Lateinischen bedeutet **missklingend, widersinnig und unlogisch**
- Herausbildung des Begriffs in den 1950er-Jahren nach dem französischen Ausdruck „Théâtre de l'Absurde" (= Sammelbegriff für **Dramen mit grotesken und irrealen Szenen)**
- Alternativbegriff: „Antitheater"
- **Streitpunkt**, ob es sich bei absurdem Theater um absurde Darstellungsform oder um Darstellung des Absurden handelt: Weigerung vieler Zuschauer, ihr eigenes Leben als absurd anzusehen, Verlassen vieler Stücke schon zur Pause (z. B. Becketts „Warten auf Godot")
- Nähe zur „Grotesken Komödie"

Inhalt

- **Ausgangspunkt:** Zweifel an herkömmlichen Kultur- und Denksystemen, **Vorstellung einer sinnentleerten Welt** und damit auch einer orientierungslosen menschlichen Existenz
- Ausdrücken von Ängsten und Obsessionen
- **Protest gegen bürgerliche Scheinsicherheit,** unechte Lebensführung und Lebensferne
- gesellschaftsferne Handlung oder Bürger mit sinnentleerten, verhärteten Gewohnheiten
- Infragestellung des Gewohnten
- teilweise auch Situationskomik, die aber oft ins Grässliche umschlägt
- Gesellschaftskritik durch Absurdität, aber eigentlich **autonomes und ideologiefreies Theater**
- Nähe zur Philosophie des Existenzialismus
- Aufhebung von Gegensätzen, Verknüpfung von Zusammenhangslosem und Manipulation mit dem Gewöhnlichen, um Zuschauer zu desillusionieren
- Fehlen einer überschaubaren Handlung
- **marionettenhafte, entmenschlichte Figuren**
- **Darstellung von Unterjochungs-Prozessen:** der Einzelne in einem Meer von Konformität und in einem totalitären System

Form und Sprache

- **Verfremdung** als Stilmittel zur Änderung der gewohnten Sichtweise des Publikums
- **banale, formelhafte Sprache**, die keine tiefgründige Kommunikation zulässt: Verzicht auf einen die Handlung vorantreibenden Dialog
- **Bruch mit herkömmlicher Dramensprache:** Reduktion oder Gebrauch von Alltagssprache
- Thesen der Figuren drehen sich oft im Kreis und sind austauschbar
- **Auflösung der Einheit von Zeit, Ort und Handlung**, stattdessen unlogische Dialoge, wahllose Aneinanderreihungen und sinnlose Handlungen
- Verzicht auf logischen Handlungsvorgang im Großen, aber **Schlüssigkeit in Details**
- **Vermischen von tragischen und komischen Elementen**
- Gestik, Dekor und Bühnenelemente spielen ebenso große Rolle wie Dialog
- **extreme Beschleunigung oder Verlangsamung** der „Handlung" fast bis zum Stillstand
- **relative Kürze der Stücke** aufgrund der oft parabelhaften Konstruktion

Geschichte der Gattung

- **Wurzeln** reichen bis zu Narrenliteratur (15./16. Jahrhundert) und Commedia dell'arte (16. bis 18. Jahrhundert) zurück
- 1896: „König Ubu" von Alfred Jarry als erstes Drama mit bewusster Abwendung vom bürgerlichen Theater und absurden Zügen; Verursachung eines Skandals
- **ab 1900: Experimentelle Phase** mit Anklängen an Surrealismus und Dadaismus, deren Dramen sich aber nicht etablieren konnten
- absurde Tendenzen auch bei eigentlich nicht als absurd geltenden Autoren
- ab den späten **1940er-** und frühen **1950er-Jahren** dann **konsequentere und radikalere Abwendung vom klassischen Theater** und damit **Etablierung des absurden Theaters** als Folge der Krisensituation Europas nach dem Zweiten Weltkrieg
- **Philosophie des Existenzialismus** als Nährboden für absurdes Theater
- **1950er- und 1960er-Jahre als Blütezeit des absurden Theaters**, das vor allem in Frankreich und im englischsprachigen Europa entsteht: in Deutschland zwar Aufführung, aber kaum eigenständige Dramatiker des absurden Theaters
- ab ca. 1960: Adaption der Mittel des absurden Theaters durch Filmregisseure

Autoren und Werke

Samuel Beckett: *Warten auf Godot* (1952)
Eugène Ionesco: *Die Nashörner* (1957)
Wolfgang Hildesheimer: *Die Uhren* (1959)

Zitate

Über das absurde Theater:
„Wer sich an das Absurde gewöhnt hat, findet sich in unserer Zeit gut zurecht." *(Eugène Ionesco)*

Aus absurden Dramen:
„Wir alle werden verrückt geboren. Manche bleiben es." *(Samuel Beckett, „Warten auf Godot")*
„Wie sonderbar, und welch eigenartiges Zusammenspiel!" *(Eugène Ionesco, „Die kahle Sängerin")*
„Wir haben uns bereits einmal gesehen, und Sie sind meine eigene Gattin." *(Eugène Ionesco, „Die kahle Sängerin")*

Auf einen Blick

Gotthold E. Lessing

Inhalt
- Konflikte: Standesgegensätze, Enge der bürgerlichen Welt
- Ethische Werte des Bürgertums wie Humanität / Sittlichkeit
- Ziel der sittlichen Besserung des Zuschauers (durch Erzeugung von Identifikation und Mitleid)

Bürgerliches Trauerspiel

Form
- Hauptfiguren aus Bürgertum und niederem Adel (keine Ständeklausel)
- Anlehnung an Alltagssprache; keine Versform
- meist tragisches Ende

Geschichte
- Entstehung im Zuge des Aufstiegs des Bürgertums
- G. E. Lessing (18. Jhd.): Begründer der Gattung
- später Anpassung an aktuelle Probleme, z. B. Individuum als Opfer der eigenen Gesellschaftsschicht

Grundsätzliches

- Begriff **Bürgerliches Trauerspiel** ist zur Zeit seiner Entstehung ein Widerspruch:
  - Tragik bisher dem Adel vorbehalten und Tragödie nur für Hofgesellschaft bestimmt
  - Auftreten nicht-adliger Figuren nur in der Komödie aufgrund der Vorstellung, Bürger seien zur Tragik nicht fähig (**Ständeklausel**)

Inhalt

- **Konflikte** aufgrund von Standesgegensätzen **zwischen Adel und Bürgertum** bzw. später wegen **strenger Moralvorstellungen der bürgerlichen Welt**
- teilweise auch **unpolitische Familienkonflikte** in betont bürgerlicher Welt
- später **Konflikte mit aufkommendem Arbeiterstand** – Kritik der Brüchigkeit der bürgerlichen Gesellschaftsordnung
- anstelle sozialer Wertung nach Schichtzugehörigkeit treten **ethische Werte des Bürgertums wie Humanität, Tugend und Sittlichkeit**: Bürgertum als Vertreter und Hüter eines strengen Moralkodex
- **Zweck** (meistens): Erzeugen von **Identifikation und Mitleid** bei den Zuschauern, um eine sittliche Besserung zu erreichen

Form und Sprache

- **Hauptfiguren aus Bürgertum und niederem Adel**
- zum Teil weiterhin strenger dramatischer Aufbau (fünf Akte), aber durchweg **Prosaform**
- teilweise **Anlehnung an Alltagssprache**
- **tragisches Ende** (viele bürgerliche Dramen sind aber auch „**rührende Komödien**": ernste Handlung, aber glückliches Ende – v. a. in der Aufklärung, wo Vernunft und Einsicht zu gutem Ende führen)
- oft **offene Dramenform**: Auflösung der Einheit von Zeit, Ort und Handlung; beliebige Anzahl von Akten, Verzicht auf nur eine einzige Haupthandlung

Geschichte der Gattung

- **Vorläufer** im 17. Jahrhundert: z. B. Mordgeschichten innerhalb bürgerlicher Familien, die „domestic tragedy" in England
- Deutschland: langes Vorherrschen der **Ständeklausel** und **Ablehnung bürgerlicher Tragik wegen fehlender Fallhöhe** (nach dem Motto: „Wer nie oben stand, kann auch nicht tief fallen.")
- in Frankreich „Comédie larmoyante": Zurückdrängen des Komischen in der Komödie
- **Aufklärung (18.** Jahrhundert): aus gesteigertem **Selbstwertgefühl des Bürgertums** und dem kritischen Hinterfragen der Ständegesellschaft ergibt sich **Ablehnung der Ständeklausel**
- **Aufstieg des Bürgertums** und Entstehung **bürgerlicher Hochkultur:** Darstellung der Lebenserfahrungen, sittlichen Werte und Konflikte des neuen Standes im ernsten Drama auf der Bühne
- **Gotthold Ephraim Lessing als Begründer des bürgerlichen Trauerspiels:** erstes Trauerspiel „Miss Sara Sampson" (1755) spielt nach englischem Vorbild in englischem, familiärem Milieu
- zahlreiche Nachahmungen von Lessings Trauerspielen
- schon im 18. Jahrhundert **Abwendung von rührenden Familienszenen** und **Hinwendung zu Konflikten zwischen Bürgertum und Adelswillkür**
- Sturm und Drang: **Sozialdramen** verherrlichen **Auflehnung des Individuums gegen herrschende Gesellschaftsordnung**
- Mitte des 19. Jahrhunderts: Konflikte innerhalb eines Standes aufgrund von kleinbürgerlicher Moral und einem pedantischen Pflichtgefühl: **Individuum als Opfer der eigenen Schicht**
- **Naturalismus:** gesellschaftskritische **Aufdeckung der Lebenslüge des selbstzufriedenen Bürgertums**, Fürsprache für rechtlosen Arbeiterstand (sozialkritische Dichtung)
- **Expressionismus und Surrealismus:** Kritik an brüchigen Lebensformen durch **Verzerrung und Karikatur**

Autoren und Werke

Gotthold Ephraim Lessing: *Miss Sara Sampson* (1755), *Emilia Galotti* (1772)
Heinrich Leopold Wagner: *Die Kindermörderin* (1776)
Friedrich Schiller: *Kabale und Liebe* (1784)
Friedrich Hebbel: *Maria Magdalena* (1843)

Zitate

Über das bürgerliche Trauerspiel:
„Das Unglück derjenigen, deren Umstände den unsrigen am nächsten kommen, muss natürlicherweise am tiefsten in unsere Seele dringen; und wenn wir mit Königen Mitleid haben, so haben wir es mit ihnen als mit Menschen und nicht als mit Königen." *(Gotthold Ephraim Lessing)*
„Ich behaupte, daß das bürgerliche Trauerspiel erstlich unser Herz weit stärker rührt und hernach auch weit eher zu bessern fähig ist, als die übrigen Gattungen der Schaubühne." *(Johann G. B. Pfeil)*

Aus bürgerlichen Trauerspielen:
„Wer uber gewisse Dinge den Verstand nicht verlieret, der hat keinen zu verlieren." *(Gotthold Ephraim Lessing,* „Emilia Galotti")
„Doch, man verliert ja nur, was man besessen hat, und dein Herz gehört deinem Stande – Mein Anspruch war Kirchenraub, und schaudernd geb' ich ihn auf." *(Friedrich Schiller,* „Kabale und Liebe")

Auf einen Blick

Inhalt
- historische Ereignisse als Themen
- historisches Geschehen als Grundlage und Modell für aktuelle Vorgänge
- Konzentration auf das Wesentliche eines Falls

Rolf Hochhuth

Dokumentar-theater

Form
- distanzierte Rolle des Autors
- Akten, Protokolle und Statistiken als Grundlagenmaterial
- Bericht- oder Prozessform

Geschichte
- Anknüpfung an politisches Theater der 1920er-Jahre
- Entstehung in Opposition zu fiktiver Literatur (1960er-Jahre)
- seit 1990 Renaissance der Gattung

Grundsätzliches

- **Dokumentartheater** als gesellschaftskritisches und **politisch orientiertes Schauspiel** mit Rückgriff auf historische Dokumente und Fakten
- **häufige Kritik** an Bezeichnung „Dokumentartheater": Anschein der Realität, obwohl Stücke immer auf **Mischung von Fakten und Fiktion** basieren

Inhalt

- **Grundlage:** historisches Geschehen
- **Konzentration auf das Wesentliche** eines Falls
- **Themen:** historische Ereignisse, z. B. Aufarbeitung des Holocaust, politische Verbrechen oder Staatsaffären
- **Zweck:**
  - historisches Geschehen als Modell für aktuelle Vorgänge: politische Aufklärung und Beeinflussung
  - Anregung zur Diskussion aufsehenerregender Fälle oder gesellschaftlich-politischer Ereignisse

Form und Sprache

- **distanzierte Rolle des Autors**, der nur für Arrangement des historischen Materials verantwortlich ist
- **Figuren als Modellfälle** für ganze Gruppen: Verzicht auf psychologisch tiefgründige und individuelle Charakterisierung
- **Akten, Protokolle und Statistiken** als Grundlagenmaterial
- Anteil des Poetischen und Künstlerischen oft fraglich
- häufige **Formen:**
  - **Bericht** (halbdokumentarisches Stück): Vermischung von Fakten und Fiktion
  - **Prozess** (oft reine Beschränkung auf aktenmäßig abgesicherte Ereignisse und Äußerungen): scharfe Gegenüberstellung von Aussagen

Geschichte der Gattung

- **Vorformen im russischen Revolutionstheater** und stellenweise in der Literatur des 19. Jahrhunderts, in der sich zum Beispiel wörtliche Zitate aus Verhandlungsprotokollen finden lassen
- **Anknüpfung an politisches Theater** der 1920er-Jahre
- Entstehung ab ca. 1960 in **Opposition zu fiktiver Literatur**
- **Zweifel an Möglichkeit der Veränderung des Menschen und der gesellschaftlichen Verhältnisse durch Fantasieprodukte:** Verwendung historischen Faktenmaterials und quellenmäßig belegbarer Sätze
- Ende der 1960er-Jahre: zeitweilige Erstarrung des Dokumentartheaters
- ab **1970er-Jahre: Aktualisierung historischer Figuren** als Neuansatz
- seit Ende der **1990er-Jahre: Renaissance des Dokumentartheaters** in Deutschland, bei dem nun nicht mehr recherchiertes Material im Vordergrund steht, sondern Protagonisten der Ereignisse selbst
- 2013: vollkommen neue Form als **Mischung von Dokumentartheater, Lesung und Ehrung,** z. B. Auftreten von Überlebenden des Holocausts mit ihren Aussagen in „Die letzten Zeugen" von Matthias Hartmann und Doron Rabinovici

Autoren und Werke

Rolf Hochhuth: *Der Stellvertreter* (1963)
Heinar Kipphardt: *In der Sache J. Robert Oppenheimer* (1964)
Peter Weiss: *Die Ermittlung* (1965)
Matthias Hartmann und Doron Rabinovici: *Die letzten Zeugen* (2013)

Zitate

Über das Dokumentartheater:
„Die Stärke des dokumentarischen Theaters liegt darin, dass es aus den Fragmenten der Wirklichkeit ein verwendbares Muster, ein Modell der aktuellen Vorgänge, zusammenzustellen vermag. Es befindet sich nicht im Zentrum des Ereignisses, sondern nimmt die Stellung des Beobachtenden und Analysierenden ein." *(Peter Weiss)*
„Die Bühne ist ein ästhetischer Rahmen. Aber durch Ästhetisierungen kann man die Wahrheit auch verschleiern." *(Matthias Hartmann)*

Aus Dramen des Dokumentartheaters:
„Ein Stellvertreter Christi, der ‚das' [gemeint ist der Holocaust] vor Augen hat und dennoch schweigt, aus Staatsräson, der sich nur einen Tag besinnt, nur eine Stunde zögert, die Stimme seines Schmerzes zu erheben zu einem Fluch, der noch den letzten Menschen dieser Erde erschauern lässt –: ein solcher Papst ist ... ein Verbrecher." *(Rolf Hochhuth, „Der Stellvertreter")*
„Ich komme mir so alt vor unter den älteren Leuten. Wo sie Ideologie haben, ist bei mir nur ein blinder Fleck." *(Heinar Kipphardt, „In der Sache J. Robert Oppenheimer")*

Auf einen Blick

Bertolt Brecht

Inhalt
- politisches Weltanschauungstheater
- Konzentration auf große gesellschaftliche Konflikte/Themen (Krieg, Revolution, Ausbeutung)
- Bewegen der Zuschauer zur Verbesserung der Welt statt des Menschen

Episches Theater

Form
- Herstellung von Distanz: kein Aufbau einer Scheinrealität, sondern Durchbrechen der Bühnenrealität
- Verfremdung und Montagetechnik
- Zuschauer als distanzierter, kritischer und urteilsfähiger Beobachter

Geschichte
- Beginn: experimentelles Theater von Brecht und Piscator (1920er-Jahre)
- Verbindung von „epischem Theater" fast ausschließlich mit Brechts Dramen (1940er-/50er-Jahre)
- bis heute Aktualität der Brecht'schen Stücke

Grundsätzliches

- eingeführt von Bertolt Brecht (eigene Dramentheorie) und Erwin Piscator: **moderne Theaterform** und im engen Sinne meist nur auf Werke Brechts und Inszenierungen Piscators bezogen
- starke Präsenz epischer Elemente im Drama
- **Zuschauer** soll **distanzierter, kritischer und urteilsfähiger Beobachter** sein und sich nicht in die Figuren des Stücks einfühlen oder durch „Furcht und Mitleid" gebessert werden

Inhalt

- entschieden **politisches Weltanschauungstheater** (Brecht mit Nähe zum Marxismus)
- Verzicht auf Darstellung tragischer Ausnahmeschicksale, stattdessen **Konzentration auf große gesellschaftliche Themen** wie Krieg, Revolution, soziale Ungerechtigkeit, Ausbeutung usw.
- Systemkritik am **Kapitalismus**
- **Demonstration gesellschaftlicher Widersprüche auf der Bühne**, um Zuschauer von Schicksalsergebenheit abzubringen und gesellschaftliche Strukturen als veränderbar zu zeigen
- **Entlarven der Ideologie der Herrschenden** und Aufdecken ihrer Absichten
- **Ziel:** Änderung der Gesellschaft; **Verbesserung der Welt**, nicht des Menschen

Form und Sprache

- **Brechung der illusionierenden Kraft der Bühne:** immer wieder Herstellung von Distanz
- **kein Aufbau von Scheinrealität**, Handlung soll als gemacht und veränderlich erkennbar sein
- moderne Bühnentechnik, z. B. Simultanbühnen, Drehscheiben, bewegliche Bühnenelemente
- **Durchbrechen der traditionellen Dramengestalt:** Verzicht auf fünf Akte, offene Dramenform, lockere Szenenfolge, kein herkömmlicher Spannungsbogen mit Wendepunkt, häufig offener Schluss (der Zuschauer dazu zwingt, selbst Antworten auf aufgeworfene Fragen zu finden)
- **Einsatz epischer Elemente**, die Bühnenrealität durchbrechen (z. B. ein Erzähler)
- **Verfremdung der Handlung**, um Schauspiel als solches erkennbar zu machen, indem z. B. auch Schauspieler auf der Bühne laut seine Rolle reflektiert oder sich an den Zuschauer wendet
- Spannung richtet sich auf Handlung und nicht auf Ausgang des Stückes

- **Verfremdungs- und Montagetechniken:**
  - **Formen der Kommentierung** des Stückes, z. B. durch einen Erzähler
  - Prolog, Vorspiel, Epilog
  - Montage **verschiedener Textformen:** Wechsel zwischen Prosa und Vers; Einbau von Liedern und geschriebener Sprache; unterschiedliche Sprachebenen, Veränderung bekannter Zitate
  - **Verwendung von projizierten Bildern,** Schriften und Filmausschnitten
- **Parabelstruktur:** Bezug auf aktuelle gesellschaftliche Verhältnisse
- Typisierung der Figuren
- sprachliche Mittel, die Komik erzeugen, und **parodistische Elemente**

Geschichte der Gattung

- **Vorläufer:** schon früh **Zweifel an strikter Trennung von Epik und Dramatik**; epische Elemente z. B. schon im asiatischen Theater, im Mysterienspiel oder auch bei Shakespeare
- **Dramen des Vormärz,** v. a. „Woyzeck", als eigentliche Vorgänger des epischen Theaters
- **Einfluss des Naturalismus,** aber starke Distanz zur bloßen Abbildung der Wirklichkeit
- **1920er-Jahre: Bertolt Brecht und Erwin Piscator** begannen mit **experimentellem Theater:** Abkehr von illusionistischer Scheinwelt des bisherigen Dramas
- Voraussetzung für episches Theater: kultureller Umbruch nach dem Ersten Weltkrieg
- Übernahme von romanhaften Elementen (Vorbild: Feuchtwanger), Songs sowie Kabaretteinlagen (Vorbild: Wedekind) und Komik (Vorbild: Valentin) in Brechts Konzeption vom epischen Theater
- ab 1941: enormer Erfolg von „Mutter Courage" – **„episches Theater" fast ausschließlich mit Brechts Dramen verbunden**
- **große Beliebtheit der Stücke Brechts** in DDR und Bundesrepublik durch der jeweiligen Ideologie entsprechende Deutung (DDR: „marxistischer Klassiker", Bundesrepublik: Trennung des Dichters Brecht vom politischen Brecht)
- bis heute **Aktualität der Stücke Brechts** und Schaffung neuer Stücke mit epischen Elementen

Autoren und Werke

Bertolt Brecht: *Die Dreigroschenoper* (1928), *Mutter Courage und ihre Kinder* (1938/39, Uraufführung 1941), *Der gute Mensch von Sezuan* (1938–40, Uraufführung 1943), *Herr Puntila und sein Knecht Matti* (1940/41, Uraufführung 1948)

Zitate

Über das epische Theater:
„Der Zuschauer des epischen Theaters sagt: Das hätte ich nicht gedacht. – So darf man es nicht machen. – Das ist höchst auffällig, fast nicht zu glauben. – Das muß aufhören. – Das Leid dieses Menschen erschüttert mich, weil es doch einen Ausweg für ihn gäbe." *(Bertolt Brecht)*

Aus Dramen des epischen Theaters:
„Wir stehen selbst enttäuscht und sehn betroffen
Den Vorhang zu und alle Fragen offen "
(Bertolt Brecht, „Der gute Mensch von Sezuan")
„Alle Tugenden sind nämlich gefährlich auf dieser Welt, die [...] zahlen sich nicht aus, nur die Schlechtigkeiten, so ist die Welt und müßt nicht so sein." *(Bertolt Brecht, „Mutter Courage und ihre Kinder")*

Auf einen Blick

Inhalt
- künstlerische Darstellung historischer Stoffe, Ereignisse und Figuren: Anreicherung realer Gegebenheiten mit Fiktion
- Einzelperson im Konflikt mit geschichtlichem Zusammenhang
- häufige Themen: Machtkonkurrenz, Verschwörungen und Intrigen

Friedrich Hebbel

Geschichts-drama

Form
- Veränderung und Überformung der historischen Wirklichkeit
- Unterscheidung zwischen Drama, das historischen Stoff nur benutzt, und Drama, das ihn auch deutet

Geschichte
- Verarbeitung des individuellen, historischen Bewusstseins (ab 16. Jahrhundert)
- Durchbruch des neueren Geschichtsdramas mit Goethes „Götz von Berlichingen"
- bis in die Gegenwart hinein Ausdruck bestimmter politischer Tendenzen

Grundsätzliches

- synonymer Begriff: historisches Drama
- meist quellentreue Gestaltung historischer Stoffe, aber in künstlerischer Abwandlung
- nicht immer klar abgrenzbar, z. B. von Ideendramen

Inhalt

- **künstlerische Darstellung von historischen Stoffen**, Themen, Ereignissen und Figuren auf der Bühne, sodass **reale Gegebenheiten mit Fiktion angereichert** werden
- Gründe für Bezugnahme auf historische Stoffe:
  - **Vermittlung einer bestimmten Geschichtsauffassung**, z. B. Schicksalsglaube, Fortschrittsglaube usw.
  - bei positiver Darstellung: **Verklärung** der Vergangenheit als **heroische Vorgeschichte**
  - bei Herausstellung der Ähnlichkeiten mit der Gegenwart: **Behauptung von Wiederholung bzw. Kontinuität**
  - bei Betonung nationaler Besonderheiten und Momente: **Erzeugung eines Nationalgefühls**
  - andere Gründe für Wahl eines historischen Stoffes: **Bekanntheit, Vorgeformtheit, Exotik**
- Spannung zwischen Willen des Einzelnen und der Gesellschaft
- monumentale Gestaltung von **Einzel- und Massenschicksal**
- Einzelperson im **Konflikt mit geschichtlichen Zusammenhängen** in Vergangenheit und Gegenwart
- es geht oft um **Machtkonkurrenz zwischen Repräsentanten der gleichen Schicht** oder um **Legitimität verbunden mit Verschwörungen und Intrigen**
- **vier Funktionen** des Geschichtsdramas:
  - Veranschaulichung
  - Deutung
  - Erinnerung
  - Unterhaltung

Form und Sprache

- Unterscheidung zwischen Drama, das **historischen Stoff nur benutzt**, und Drama, **das ihn auch deutet**
- **Einheit von Zeit, Ort und Handlung nicht immer möglich,** wenn z. B. historisches Panorama vermittelt werden soll, das sich nicht auf einen Ort und eine kurze Zeitspanne begrenzen lässt
- teilweise **Veränderung und Überformung der historischen Wirklichkeit** bzw. Abweichung von der Chronologie
- formale und sprachliche Gestaltung sehr zeitabhängig

Geschichte der Gattung

- seit der Renaissance **Entwicklung eines individuellen, historischen Bewusstseins**, das im Geschichtsdrama verarbeitet wurde
- bis zum Naturalismus ist Geschichte (neben Mythos) fast einzige Stoffquelle für Tragödie, die oft dazu dient, die Stellung des Individuums zur Geschichte zu behandeln (zeitlos und allgemeingültig)
- Romantik: Geschichtsdrama ist wegen Geschichtsverehrung besonders beliebte Gattung
- **Durchbruch des neueren Geschichtsdramas:** Goethes „Götz von Berlichingen" (1773)
- **ab 1900** vermehrt **Auflösung des geschlossenen Aufbaus** in eindringliche Bilderfolge, häufig mit **Bezug auf aktuelle Gegenwartsprobleme**
- **Expressionismus: neue Formen** des Geschichtsdramas – Einsatz expressionistischer Stilmittel, z. B. Entindividualisierung der Figuren, Topos des „neuen Menschen" und artifizielle Sprache
- von Empfindsamkeit bis in die Gegenwart auch **Historiendramen,** die Stoff zum **Ausdruck bestimmter politischer Tendenzen** nutzen
- moderne Form **seit 1960er-Jahren: Dokumentartheater**

Autoren und Werke

Johann Wolfgang von Goethe: *Götz von Berlichingen* (1773)
Friedrich Schiller: *Wallenstein* (Trilogie, vollendet 1799), *Maria Stuart* (1800)
Georg Büchner: *Dantons Tod* (1835)
Friedrich Hebbel: *Agnes Bernauer* (1851)

Zitate

Über das Geschichtsdrama:
„Geschichte schreiben ist immer eine bedenkliche Sache. Denn bei dem redlichen Vorsatz kommt man in die Gefahr, unredlich zu sein, ja, wer eine solche Darstellung unternimmt, erklärt im Voraus, daß er manches ins Licht, manches in den Schatten rücken wird." *(Johann Wolfgang von Goethe)*

Aus Geschichtsdramen:
„Mich ergeben! Auf Gnad und Ungnad! Mit wem redet Ihr! Bin ich ein Räuber! Sag deinem Hauptmann: Vor Ihro Kaiserliche Majestät hab ich, wie immer, schuldigen Respekt. Er aber, sag's ihm, er kann mich im Arsche lecken!" *(Johann Wolfgang von Goethe, „Götz von Berlichingen")*
„Die Revolution ist wie Saturn, sie frißt ihre eignen Kinder." *(Georg Büchner, „Dantons Tod")*

Inhalt
- Darstellung der Welt als unüberschaubares Rätsel
- Einbauen des Unglaubhaften, Paradoxen und Grotesken zur Erkennung der Wirklichkeit
- lächerliche Darstellung grausiger und bizarrer Szenen

Friedrich Dürrenmatt

Groteske Komödie

Form
- Verfremdung, Überzeichnung und Stilisierung
- Verbindung von scheinbar Unvereinbarem
- Bewirken eines Umschlagens von Komik in Entsetzen

Geschichte
- Blütezeit ab Moderne: Gegenströmung zu Vernunftglauben
- Rückgriff auf frühe Brecht-Stücke, aber Abkehr vom politischen Optimismus
- Friedrich Dürrenmatt als Hauptvertreter der Gattung

Grundsätzliches

- Begriff „grotesk" stammt vom italienischen Wort **grotta = Grotte / Höhle** oder **grottesco = wunderlich, verzerrt** und bezeichnete eigentlich antike Ornamentformen
- heutzutage Ausdruck für **künstlerische und literarische Darstellungen**, in denen **Gegensätze** wie zum Beispiel **Grauen und Lächerlichkeit nebeneinandergestellt und kombiniert** werden
- **Form der Komödie**, die vor allem **bei Friedrich Dürrenmatt** als groteske und gesellschaftskritische Variante auftaucht
- meist starke Nähe zur Tragikomödie, daher keine klare Abgrenzung möglich

Inhalt

- Verlust einer überschaubaren Welt als Voraussetzung: Welt als Rätsel, vor dem man nicht aufgeben darf
- Komödie als einzig mögliche Antwort auf **widersprüchliche Welt**
- **Einbauen des Unglaubhaften und Paradoxen**, um Identifikation zu erschweren und damit kritische Urteilsbildung aus der Distanz zu ermöglichen
- **Einbau des Grotesken** zur Erkennung der Wirklichkeit
- **lächerliche Darstellung von grausigen und bizarren Szenen**
- **zentrale Rolle des Zufalls:** Ausgang des Stückes ist nicht vorhersehbar
- Anleihen bei Bertolt Brecht, aber **Abkehr von seinem politischen Optimismus**
- **Ziel:** Bestehen und Formen der Welt durch Erfassen des Chaotischen

Form und Sprache

- **häufige Stilmittel:** Verfremdung, Überzeichnung und Stilisierung
- Erzeugung von Komik durch **Falschadressierung** (Ansprache der falschen Person bzw. Lieferung falscher Informationen, um Leser in die Irre zu führen)
- vor allem sozial niedrig stehende Figuren verhalten sich grotesk

- Verwendung von Elementen aus Brechts epischem Theater: Verfremdungseffekte, um Chaos auf der Bühne entstehen zu lassen und **Publikum in kritischer Distanz zum Geschehen** zu halten
- **Auftreten monströser Figuren**
- **Vergröberung der Bühneneffekte**, um Zuschauer künstlichen Charakter des Theatergeschehens aufzuzeigen
- **Verbindung von scheinbar Unvereinbarem**
- Bewirkung von **Komik, die in Entsetzen umschlägt** („Das Lachen bleibt dem Zuschauer im Halse stecken.")

Geschichte der Gattung

- Mittel der Groteske spielten schon im Spätmittelalter, im 16. Jahrhundert, im Sturm und Drang und v. a. in Romantik eine Rolle
- **Blütezeit ab der Moderne**, in der Glaube an eine heile Welt verloren schien, als **Gegenströmung gegen jeden Vernunftglauben**
- Gattung eng verbunden mit dem Dramatiker **Friedrich Dürrenmatt**: Überzeugung Dürrenmatts, dass es in seiner Zeit nicht mehr möglich sei, Tragödien zu schreiben
- Benutzung der **überspitzten Komödie, um Tragisches neu darzustellen**
- Rückgriff auf Brechts frühe Stücke

Autoren und Werke

Max Frisch: *Biedermann und die Brandstifter* (1948)
Friedrich Dürrenmatt: *Der Besuch der alten Dame* (1956)
Friedrich Dürrenmatt: *Die Physiker* (1961)

Zitate

Über die groteske Komödie:
„Eine Geschichte ist dann zu Ende gedacht, wenn sie ihre schlimmst-mögliche Wendung genommen hat." *(Friedrich Dürrenmatt)*
„Die Komödie ist die einzig mögliche dramatische Form, das Tragische auszusagen."
(Friedrich Dürrenmatt)

Aus grotesken Komödien:
„Solche Späße gehen durch Mark und Bein." *(Friedrich Dürrenmatt, „Der Besuch der alten Dame")*
„Nur im Irrenhaus dürfen wir noch denken. In der Freiheit sind unsere Gedanken Sprengstoff."
(Friedrich Dürrenmatt, „Die Physiker")

Auf einen Blick

Inhalt
- Mythologie und Geschichte als Stoffquelle
- Propagierung einer Weltanschauung, die Allgemeingültigkeit beansprucht
- Grundlage: Philosophie des deutschen Idealismus

Friedrich Schiller

Ideen-drama

Form
- Unterordnung von Stoff, Handlung und Figuren unter zentrale Grundidee
- geschlossener Aufbau
- hochstilisierte Kunstsprache

Geschichte
- Blütezeit: französischer Klassizismus und Weimarer Klassik
- 19./20. Jahrhundert: Weiterentwicklung zu Dramen mit philosophischer Tendenz

Grundsätzliches

- teilweise **Überschneidungen mit Geschichtsdrama** wegen häufiger Wahl historischer Stoffe und Figuren für Ideendrama
- Ideendrama wird zu **Problemstück** bzw. **Tendenzdrama** bei Verengung auf konkretes Problem oder bestimmte Tendenz statt der Behandlung einer abstrakten Idee

Inhalt

- **Mythologie und Geschichte** als Stoffquellen
- **geschlossenes Weltbild**
- **Philosophie des deutschen Idealismus** als Grundlage: Glaube an positive Möglichkeiten des Menschen und an größeren Sinnzusammenhang im Kosmos
- philosophische Idee in Form einer **Weltanschauung**, die **Allgemeingültigkeit** beansprucht, wird herausgearbeitet
- **zentrale Grundidee** als Thema, z. B. Humanität, Freiheit, Toleranz usw.

Form und Sprache

- Unterordnung von **Stoff, Handlung und Figuren** unter **zentrale Grundidee**
- **geschlossener Aufbau**, dem Einzelteile untergeordnet werden
- klar konzipierte Handlung
- einheitliche und regelmäßige Sprachgestaltung
- **hochstilisierte, gedämpfte Kunstsprache** mit eindeutiger Wortwahl und Syntax
- Verzicht auf genaue Beschreibung der Figuren und der Umgebung, da **philosophische Idee und Weltanschauung** im Mittelpunkt steht

Geschichte der Gattung

- **Blütezeit:** Französischer Klassizismus und **Weimarer Klassik**
- zum Teil als Reaktion auf Subjektivität des Sturm und Drang und auf Auswirkungen der Französischen Revolution zu sehen
- neuere Formen des Ideendramas im 19. Jahrhundert
- Weiterentwicklung auch im 20. Jahrhundert, v. a. im Expressionismus (zur Verkündigung des „neuen Menschen")
- später: **Dramen mit philosophischer Tendenz** gelten häufig als Ideendrama

Autoren und Werke

Gotthold Ephraim Lessing: *Nathan der Weise* (1779)
Johann Wolfgang von Goethe: *Iphigenie auf Tauris* (1779)
Friedrich Schiller: *Don Karlos* (1787), *Maria Stuart* (1800)
Georg Kaiser: *Die Bürger von Calais* (1914)
Ernst Toller: *Die Wandlung* (1919)

Zitate

Über das Ideendrama:
„Die Gerichtsbarkeit der Bühne fängt an, wo das Gebiet der weltlichen Gerichte sich endigt." (*Friedrich Schiller*)

Aus Ideendramen:
„Sind Christ und Jude eher Christ und Jude als Mensch?" (*Gotthold Ephraim Lessing, „Nathan der Weise"*)
„Frei Atmen macht das Leben nicht allein." (*Johann Wolfgang von Goethe, „Iphigenie auf Tauris"*)
„Doch große Seelen dulden still." (*Friedrich Schiller, „Don Karlos"*)
„Was man nicht aufgibt, hat man nie verloren." (*Friedrich Schiller, „Maria Stuart"*)
„Ich habe den neuen Menschen gesehen – in dieser Nacht ist er geboren!" (*Georg Kaiser, „Die Bürger von Calais"*)

Inhalt

- Kontrast zwischen Schein und Sein, Einsatz und Ertrag, Erhofftem und Erreichtem etc.
- Verspottung menschlicher Schwächen und fragwürdiger Ideale durch übertriebene Darstellung
- erheiternder Handlungsverlauf mit glücklichem Ende

Gerhart Hauptmann

| Form | Komödie | Geschichte |

Form

- Übertreibung und Untertreibung
- ironische und satirische Elemente
- Witz und Wortspiele
- klassische Komödie: Ständeklausel, geschlossene Form, niederer Sprachstil

Geschichte

- antikes Griechenland: Hauptgattung neben Tragödie
- gesellschaftskritische Lustspiele durch Emanzipation des bürgerlichen Theaters
- 20. Jahrhundert: Komödie mit absurden, grotesken und ernsten Zügen

Grundsätzliches

- Begriff geht auf griechisches Wort „komodia" zurück, das einen **singenden Umzug** (mit wahrscheinlich gleichzeitiger Aufführung lustiger Schauspiele) zu Ehren des Gottes Dionysos bezeichnet (deutscher Alternativbegriff: Lustspiel)
- literarisches Bühnenwerk **heiteren Inhalts mit glücklichem Ausgang**

Inhalt

- **Kontrast zwischen Schein und Sein, Einsatz und Ertrag, Erhofftem und Erreichtem** etc.
- oft nur **scheinbarer Konflikt**
- **Auslösen von Heiterkeit bewirkendem Lachen** mit befreiendem Charakter
- **übertriebene Darstellung** kleinerer menschlicher **Schwächen**
- normalerweise **glückliches Ende**
- **Zweck:** Unterhaltung; Verspottung menschlicher Schwächen und fragwürdiger Ideale; Aufbrechen festgefahrener Denk- und Verhaltensweisen und Aufdecken sozialer Missstände
- **Ziel:** Erkennen von Unzulänglichkeiten ermöglicht Distanzierung, Befreiung und Veränderung; am Ende steht versöhnliche Toleranz

Form und Sprache

- **Formenvielfalt:** Typen-, Charakter-, Intrigen-, Situations- und Konversationskomödie
- meist Prosa, gelegentlich einfache Verssprache
- **stilistische Mittel:**
  - Übertreibung und Untertreibung
  - ironische und satirische Elemente
  - Witz und Wortspiele
- oft Ausrichtung des **Handlungsverlaufs** auf **humoristische Effekte** (z.B. mit lustigen Wendungen)
- **klassische Komödie:** geschlossener Aufbau, kein adeliges Personal, niederer Sprachstil

Komödie

Geschichte der Gattung

- an klaren **Normen** orientierte Gesellschaft und Fähigkeit zur intellektuellen Distanzierung als **Voraussetzung für Komödie:** in Deutschland erst ab dem 18. Jahrhundert
- **Herkunft:** rituelle Maskenumzüge, Chorgesänge und Spielimprovisationen bei den Dorern
- **Ursprung im antiken Griechenland:** neben Tragödie Hauptgattung des traditionellen Dramas
- Übernahme und Neudichtungen von Komödien nach griechischem Vorbild im antiken Rom, die Vorbild für Commedia dell'arte darstellten
- im Mittelalter Verschüttung der antiken Komödientradition, aber Entstehung von Fastnachtsspielen komischen Inhalts (u. a. Verspottung des Papstes und des Ablasshandels)
- im 16. Jahrhundert teilweise wieder **Orientierung an antiken Vorbildern** und dadurch striktere Trennung von Komödie und Tragödie (Commedia dell'arte)
- aber auch Mischformen wie bei Shakespeare (romantische Komödie)
- im Barock scharfer **Gegensatz zwischen höfischem und bürgerlichem Theater und Ständeklausel:** bürgerliche Protagonisten nicht zu Tragik fähig, bürgerliches Personal Komödien vorbehalten
- auch höfische Komödien vorwiegend mit bürgerlichem Personal, z. B. bei Molière
- bis Ende des 18. Jahrhunderts **allmähliche Emanzipation** des bürgerlichen Theaters und **Aufhebung der strikten Trennung von Komödie und Tragödie:** sentimentale bis tragische Komödien (bürgerliches Personal) und Lustspiele, die Wert auf Wahrhaftigkeit legen
- gesellschaftskritische Lustspiele im Sturm und Drang
- 19. Jahrhundert: **Neudefinition des Theaters** und Entstehung einiger bedeutender Komödien; später **Wandlung der Komödie zur Milieuschilderung** (soziale Komödie)
- 20. Jahrhundert: Komödie mit zunehmend **grotesken** (Groteske Komödie), **absurden** (Absurdes Theater) und **ernsten Zügen** – Begriff „Komödie" teilweise nur noch provokativ verwendet

Autoren und Werke

Gotthold Ephraim Lessing: *Minna von Barnhelm* (1767)
Heinrich von Kleist: *Amphitryon* (1808), *Der zerbrochne Krug* (1811)
Gerhart Hauptmann: *Der Biberpelz* (1893)
Carl Sternheim: *Aus dem bürgerlichen Heldenleben* (Zyklus, 1908–1923)
Hugo von Hofmannsthal: *Der Schwierige* (1921)

Zitate

Über die Komödie:
„Die Komödie ist nichts anders, als eine Nachahmung einer lasterhaften Handlung, die durch ihr lächerliches Wesen den Zuschauer belustigen, aber auch zugleich erbauen kann." *(Johann Christoph Gottsched)*
„Die Komödie ist erfunden worden, um Fehler zu verbessern und schlechte Sitten lächerlich zu machen." *(Carlo Goldoni)*

Aus Komödien:
„Freue dich mit mir! Es ist so traurig, sich allein zu freuen!" *(Gotthold Ephraim Lessing, „Minna von Barnhelm")*
„Zum Stolpern brauchts nicht mehr als Füß." *(Heinrich von Kleist, „Der zerbrochne Krug")*

Auf einen Blick

Jakob M. R. Lenz

Inhalt
- Erträglichkeit des Tragischen durch humoristische Brechung
- Tiefengewinn des Komischen durch Gewicht des Tragischen
- komplexe Welt mit ambivalenten Charakteren

Tragikomödie

Form
- offene Dramenform mit mehreren Handlungssträngen
- Durchbrechung der Ständeklausel
- Figuren oft ohne Entwicklung als Spielball der Verhältnisse

Geschichte
- Vorläufer: Tragödien mit Komödienende im antiken Griechenland
- mit Auflösung der gesellschaftlichen Ständeordnung: Abkehr von Ständeklausel und Mischung von Tragödie und Komödie
- ab 19. Jhd.: Komik als Steigerung der Tragik

Grundsätzliches

- Stück mit enger Verknüpfung von **Merkmalen der Tragödie und der Komödie**
- auch **Tragödie, die komische Elemente enthält**
- Begriff geht auf Plautus zurück, der damit das gemeinsame Auftreten von Königen und Sklaven in einem seiner Stücke rechtfertigte

Inhalt

- komplexe Welt mit ambivalenten Charakteren
- **tragische und komische Elemente** im gleichen Stoff
- Zwei Varianten:
  - tragische Konstellation mit komischen Elementen: **humoristische Tragik**
  - komische Sachverhalte in tragischer Beleuchtung, sodass aus Spott tragischer Unterton hervorklingt: **tragisch gebrochener Humor**
- insgesamt große Themen-, Stoff- und Figurenbreite
- oft **Entwicklungslosigkeit** der Figuren
- Figuren häufig als **Spielbälle der Verhältnisse**
- **Zweck: Erträglichkeit des Tragischen** durch humoristische Brechung und **Gewinn an Tiefe des Komischen** durch Gewicht des Tragischen

Form und Sprache

- **offene Dramenform:** Aufweichen des starren Regelsystems der aristotelischen und klassizistischen Poetik und Unterbringung **mehrerer Handlungsstränge**
- **Durchbrechung der Ständeklausel:** Abkehr von der klaren Trennung in „edle" (sozial hohe) und „gemeine" (sozial niedere) Personen
- nicht unbedingt an Lachen und glücklichen Ausgang gebunden
- formal und sprachlich **sehr variabel**

Geschichte der Gattung

- Vorläufer bereits in der Antike: **Tragödien mit Komödienende**
- Renaissance: Bezeichnung für **ernste Stücke mit heiterem Ausgang** bzw. für ein Stück, in dem hohe und niedere Personen zusammen auftreten
- weite **Verbreitung im französischen Theater des 17.** Jahrhunderts – aber ohne wirklich komische Elemente (Bezeichnung für Stück, in dem Ständeklausel eingehalten wird, das aber nicht mit Tod der Hauptfigur endet)
- **klassizistische Poetik** des deutschen Barock / der frühen Aufklärung: Tragikomödie als Mischung zweier Gattungen abgelehnt („Bastardgattung")
- **Auflösung der gesellschaftlichen Ständeordnung** bewirkt **Abkehr von der Ständeklausel** und hat Mischung von Tragödie und Komödie zur Folge
- im **18. Jahrhundert: Mischung von tragischen und komischen Elementen**, ohne dass eines überwiegt, teilweise aber auch Abweichungen davon, sodass rührendes Moment das tragische überwiegt (Rührstück)
- **soziales Drama des Sturm und Drang** steht z. T. Tragikomödie nahe
- 19. Jahrhundert: **Komik als Steigerung** der Tragik
- im **Naturalismus** zeigt Tragikomödie **Vielschichtigkeit des Menschen**, der Hohes und Niederes in sich vereint
- ab 1945: **starke Zunahme der tragikomischen Dramen**, in denen Unterscheidung von Tragik und Komik aufgehoben ist, z. B. in Form von Dürrenmatts Grotesken

Autoren und Werke

Jakob Michael Reinhold Lenz: *Der Hofmeister oder Vorteile der Privaterziehung* (1774)
Georg Büchner: *Leonce und Lena* (1836)
Gerhart Hauptmann: *Die Ratten* (1911)
Carl Zuckmayer: *Der Hauptmann von Köpenick* (1931)

Zitate

Über die Tragikomödie:
„Daher müssen unsere deutschen Komödienschreiber komisch und tragisch zugleich schreiben, weil das Volk, für das sie schreiben, oder doch wenigstens schreiben sollten, ein solcher Mischmasch von Kultur und Rohigkeit, Sittigkeit und Wildheit ist." *(Jakob Michael Reinhold Lenz)*
„Die Tragikomödie ergibt sich überall, wo ein tragisches Geschick in untragischer Form auftritt, wo auf der einen Seite wohl der kämpfende und untergehende Mensch, auf der anderen jedoch nicht die berechtigte sittliche Macht, sondern ein Sumpf von faulen Verhältnissen vorhanden ist, der Tausende von Opfern hinunterwürgt, ohne ein einziges zu verdienen." *(Christian Friedrich Hebbel)*

Aus Tragikomödien:
„O Himmel, man kommt leichter zu seiner Erzeugung, als zu seiner Erziehung." *(Georg Büchner, „Leonce und Lena")*
„Aber der Mensch, der Mensch fängt erst beim Leutnant an." *(Carl Zuckmayer, „Der Hauptmann von Köpenick")*

Auf einen Blick

Inhalt
- schicksalhafter Konflikt gegensätzlicher Werthaltungen und Kräfte
- schuldlos schuldiger Held (= Tragik), oft aufgrund von Selbstverkennung oder unbewusster Verfehlung
- Scheitern des Helden

Johann W. v. Goethe

Tragödie

Form
- Unterscheidung von Enthüllungs- und Zieldrama
- geschlossenes Drama mit hoher Sprache und Einhaltung der Ständeklausel
- meist antike, historische oder mythologische Figuren

Geschichte
- Ursprung im antiken Griechenland als Hauptgattung neben Komödie
- Blütezeit der strengen, „klassischen" Tragödie im 17./18. Jahrhundert
- ab Ende des 19. Jahrhunderts: Auflösung der strengen Tragödienform

Grundsätzliches

- Begriff „Tragödie" entstammt Theater der griechischen Antike und heißt **Bocksgesang:**
  - Bezug auf Kult zu Ehren des Gottes Dionysos, bei dem Masken und Bocksfelle getragen und Erfahrungen und Erlebnisse des Gottes besungen wurden
  - später wurde Chor ein antwortender Protagonist gegenübergestellt (Entwicklung des Dialogs)
- Begriff „tragisch" verweist hier nicht direkt auf etwas sehr Trauriges, sondern auf eine **hochstehende Person**, die **schuldlos schuldig** wird und **tief fällt**

Inhalt

- an festen **Normen orientiertes, dualistisches Weltbild** (klare Vorstellung von Gut und Böse)
- **schicksalhafter Konflikt zwischen gegensätzlichen Werthaltungen und Kräften**, z. B. zwischen Held und sittlicher Weltordnung, Held und Schicksal oder Held und Gesellschaft
- **schuldlos schuldiger Held:** Schuld aufgrund von **Leichtsinn, Verblendung, Maßlosigkeit, Selbstüberschätzung (Hybris)** oder aufgrund **unbewussten Verfehlens**
- „Katastrophe" als entscheidender Wendepunkt der Tragödie: Lage des Helden verschlechtert sich, Konflikt wird gelöst und Schuld gesühnt
- **Scheitern des Helden** ist vorprogrammiert, da dieser meist der Hybris verfällt und seinem vorherbestimmten Schicksal entgehen will (am Dramenende oft Tod des Helden)
- Entwicklung der Katastrophe aus **unvermeidbaren Handlungen der Figuren,** aus **zwingenden Abläufen** äußerer Ereignisse oder aufgrund des **Eingreifens höherer Mächte** (deus ex machina)
- Behandlung von Fragen im Spannungsfeld von Freiheit und Schicksal, Schuld und Sühne, Mensch und Gott, Individuum und Gesellschaft
- Aufzeigen der **Begrenztheit von menschlichen Entscheidungs- und Handlungsmöglichkeiten**
- **Zweck:** emotionale Anteilnahme durch Erregen von „Mitleid" und „Furcht" (oder auch „Jammer" und „Schaudern"; Übersetzungen der Theorie von Aristoteles nicht eindeutig) sowie Katharsis (Reinigung der/durch/von Leidenschaften)

Form und Sprache

- typische Formen:
  - **analytisches Drama/Enthüllungsdrama**: Katastrophe als Ergebnis von bereits vor Bühnen-handlung liegenden Ereignissen, die aber meist erst nach und nach enthüllt werden
  - **synthetisches Drama/Zieldrama**: bestimmter Vorfall am Anfang als Ausgangspunkt für die Entfaltung der Handlung, bei der innerer oder äußerer Konflikt im Mittelpunkt steht
- Einhaltung der **Ständeklausel**, um **Fallhöhe** zu erzeugen
- meist Gliederung in **fünf Akte und pyramidaler Aufbau**
- **geschlossene Handlung mit hoher Sprache** und Abwechslungsreichtum in der Geschichte
- Einhaltung der **drei Einheiten des Ortes** (Handlung immer am gleichen Schauplatz), **der Zeit** (Geschehen nicht länger als ein Tag) **und der Handlung** (Konzentration auf Haupthandlung)
- Personal: meist **antike oder mythologische Figuren**
- meist hoher Stil, häufig in Versform (oft paarweise reimender Alexandriner oder auch Blankvers)

Geschichte der Gattung

- **Ursprung im antiken Griechenland:** neben Komödie Hauptgattung des traditionellen Dramas
- kaum Tragödien im Mittelalter, stattdessen Passionsspiele (mit Auferstehung Jesu)
- **neuer Tragödientyp bei Shakespeare:** Durchbrechen der drei Einheiten, komische Elemente, Behandlung des inneren Konflikts eines Einzelnen
- große Bedeutung in **französischer Klassik im 17. und 18. Jahrhundert:** Formenstrenge und Vernunftgedanke
- Zeit der Aufklärung (18. Jahrhundert): Entstehung des **bürgerlichen Trauerspiels** als bürgerliche Form der Tragödie (u. a. Abweichung von Ständeklausel) in Deutschland
- **Weimarer Klassik:** Entstehen einiger literaturgeschichtlich äußerst bedeutender Tragödien
- ab dem späten 19. Jahrhundert häufig **Auflösung der strengen Form der Tragödie** mit drei Einheiten und Ständeklausel, stattdessen experimentellere Dramen
- **in widersprüchlicher moderner Welt** scheint die Tragödie **nicht mehr zeitgemäß:** Ersatz durch episches Theater, Tragikomödie und Groteske

Autoren und Werke

Johann Wolfgang von Goethe: *Egmont* (1788), *Torquato Tasso* (1790)
Friedrich Schiller: *Maria Stuart* (1800), *Die Braut von Messina* (1803)
Heinrich von Kleist: *Die Familie Schroffenstein* (1803), *Penthesilea* (1808)

Zitate

Über die Tragödie:
„Die Tragödie ist eine Nachahmung einer guten und in sich geschlossenen Handlung von bestimmter Größe, in anziehend geformter Sprache [...]. Nachahmung von Handelnden und nicht durch Bericht, die Jammer *(eleos)* und Schaudern *(phobos)* hervorruft und hierdurch eine Reinigung von derartigen Erregungszuständen bewirkt." *(Aristoteles)*

Aus Tragödien:
„Der Übel größtes aber ist die Schuld." (*Friedrich Schiller*, „Die Braut von Messina")
„Und diesem Dolch jetzt reich ich meine Brust: So! So! So! Und wieder! – Nun ists gut." (*Heinrich von Kleist*, „Penthesilea")

Auf einen Blick

Inhalt
- kleinbürgerliches Alltagsmilieu
- triviales Volksstück: klischeehafte Figurengestaltung, komische Elemente und glücklicher Ausgang
- kritisches Volksstück: alltägliche Probleme und Zerstörung der Illusion von der „heilen Welt"

Volksstück

Form	Geschichte
• volkstümliche Schlichtheit, gute Verständlichkeit	• Stücke deutscher Wanderbühnen als Vorläufer
• komödiantische Elemente sowie musikalische und tänzerische Einlagen	• Entstehung vieler erfolgreicher Volksstücke Anfang bis Mitte des 19. Jahrhunderts
• oft „bereinigter" Dialekt	• 19./20. Jahrhundert: Erneuerung und Wiederbelebung der Gattung

Grundsätzliches

- richtet sich an ein breites Publikum, das „gemeine Volk"
- Unterscheidung zwischen trivialem Volksstück und kritischem Volksstück

Inhalt

- spielt in **kleinbürgerlichem Alltag**
- keine Adeligen in tragenden Rollen
- **triviales Volksstück:**
  - **klischeehafte Gestaltung** von Figuren und ihren Problemen
  - Bestätigung gängiger Werthaltungen
  - verwickelte Handlung mit komischen Elementen und glücklichem Ausgang
  - Zweck: Unterhaltung
- **kritisches Volksstück:**
  - Darstellung **alltäglicher Probleme**, Missstände und deren Ursachen
  - oft keine oder ungünstige Konfliktlösung
  - Zerstörung der Illusion von der „heilen Welt"

Form und Sprache

- offene Dramenform mit wenigen Vorgaben
- enthält oft **Musik, Tanz und Gesang** und bühnentechnische Effekte
- nicht improvisiert, sondern **literarisch fixiert**
- **volkstümlich schlichte, leicht verständliche Form**
- Darbietung mit **komödiantischen Elementen**
- **triviales Volksstück:** „bereinigter" Dialekt
- **kritisches Volksstück:**
  - Figuren aus dem Volk
  - einfacher Aufbau und realistische Darstellung
  - distanzierte Sicht und damit erschwerte Identifikationsmöglichkeit
  - Dialekt, um eingeschränkte Sprache zu zeigen

- **Vorläufer: Stücke der deutschen Wanderbühnen** (Vorstellungen z. B. auf Märkten) am Ende des 17. Jahrhunderts mit „Lustiger Person" bzw. „Hanswurst" im Mittelpunkt
- **Alternative zu Komödien des barocken Hoftheaters**, aber auch zum laienhaften Volksschauspiel, ähnlich wie bürgerliches Trauerspiel
- im Laufe des 18. Jahrhunderts: Verlagerung in **feste Theatergebäude**
- Entstehung zu **Beginn des 18. Jahrhunderts** im **Wiener Vorstadttheater** als nicht-höfischer, privatwirtschaftlicher Bühne: Förderung durch den Adel, um Revolution abzuwenden und gleichzeitig Inhalt der Stücke kontrollieren zu können
- Anfang bis Mitte des 19. Jahrhunderts: **Entstehung vieler erfolgreicher Volksstücke**, vor allem in Wien, von denen einige auch ernst und melodramatisch waren
- Volksstück als **wichtige Gattung des Biedermeier**
- **ab 1848: Niedergang des Volksstückes** durch Urbanisierung und damit einhergehende Veränderung der Theaterwelt
- Ende des 19. Jahrhunderts: **Erneuerung der Gattung** durch Entwicklung des realistischen österreichischen Volksstückes in bäuerlichem Milieu von Ludwig Anzengruber: keine Ständeklausel, Kritik sozialer und zeitgeschichtlicher Umstände, realistische Figurengestaltung
- **20. Jahrhundert:**
  – Versuch der Wiederbelebung des Volksstückes (Themen wie Kommunikations- und Sprachlosigkeit oder soziale Entfremdung)
  – mythisierendes Volksstück im Nationalsozialismus, das dessen Blut-und-Boden-Ideologie entgegenkam
  – außerdem **regional begrenzte Volksstücke** und ab ca. 1965 **kritisch-realistisches Volksstück** zur Entlarvung falschen Bewusstseins

Autoren und Werke

Ferdinand Raimund: *Der Alpenkönig und der Menschenfeind* (1828)
Johann Nepomuk Nestroy: *Der Talisman oder die Schicksalsperücken* (1840)
Ludwig Anzengruber: *Das vierte Gebot* (1878)
Ödön von Horváth: *Geschichten aus dem Wiener Wald* (1931), *Kasimir und Karoline* (1932)

Zitate

Über das Volksstück:
„Das Volksstück ist für gewöhnlich krudes und anspruchsloses Theater [...]. Da gibt es derbe Späße, gemischt mit Rührseligkeiten, da ist hanebüchene Moral und billige Sexualität." *(Bertolt Brecht)*

Aus Volksstücken:
„Ich weiß, Herr Vetter, die roten Haar' mißfallen Ihnen, sie mißfallen fast allgemein. Warum aber? Weil der Anblick zu ungewöhnlich is; wann's recht viel' gäbet, käm' die Sach' in Schwung, und daß wir zu dieser Vervielfältigung das unsrige beitragen werden, da kann sich der Herr Vetter verlassen drauf." *(Johann Nepomuk Nestroy, „Der Talisman oder die Schicksalsperücken")*
„Nichts gibt so sehr das Gefühl der Unendlichkeit als wie die Dummheit." *(Ödön von Horváth, „Geschichten aus dem Wiener Wald")*

Allgemeine Einführung

Der Begriff Lyrik stammt vom griechischen Wort „lyra", das das **älteste Saiteninstrument** bezeichnet. Daran wird schon die **enge Verbindung der Lyrik mit der Musik** ersichtlich. Hier wie dort spielen **Klang, Rhythmus, Metrik und Komposition** eine tragende Rolle. Typisch für die Lyrik ist ihre Kürze und die Strukturierung in Verse: Gedichte haben festgelegte Zeilenumbrüche. Lyrische Texte sind darüber hinaus oft von einer starken Unmittelbarkeit der Darstellung und von großer Gefühlsintensität geprägt. Charakteristisch sind die **verdichtete Sprache**, die sich auch meist in einer gesteigerten Verwendung von rhetorischen Mitteln äußert, und die **hohe Subjektivität**. In manchen Gedichten finden sich allerdings auch **epische und dramatische Elemente**, wie zum Beispiel in Balladen bzw. Erzählgedichten.

Lyrisches Ich

- lyrisches Ich (auch: lyrischer Sprecher) = **Sprecher in einem Gedicht**: Mitteilung eines Gefühls, einer Erfahrung, einer Erkenntnis etc.
- **Verhältnis zum Verfasser**: lyrisches Ich als fiktives Ich, das **nicht einfach mit Verfasser gleichgesetzt** werden darf

Bauelemente

- **Vers**: (meist) metrisch gegliederte Zeile eines Gedichts
- **Strophe**: durch Abstand markierte Einheit aus zwei oder mehr Versen – bestimmte Strophenformen:
  - **Liedstrophe**: meist vier (gelegentlich bis zu neun) Verse; oft Regelmäßigkeit in Metrik, Reim und Rhythmus in allen Strophen
  - **Terzine**: drei Verse mit fünfhebigem Jambus und Reim aba/bcb/cdc …
  - **Kanzonenstrophe**: zwei gleiche Versgruppen als Aufgesang und ein dritter Teil als Abgesang
  - **Stanze**: acht Verse mit fünfhebigem Jambus und Reim abababcc
- **Enjambement** = Zeilensprung: Satz geht über das Versende hinaus

Metrum

- **Metrum** = **Versmaß**: Schema betonter (Hebungen) und unbetonter Silben (Senkungen) innerhalb eines Verses (bestehend aus Versfüßen)
- **Versfüße**: **Jambus** (betonte Silbe folgt auf eine unbetonte – xx́); **Trochäus** (unbetonte Silbe folgt auf eine betonte – x́x); **Anapäst** (betonte Silbe folgt auf zwei unbetonte – xxx́); **Daktylus** (zwei unbetonte Silben folgen auf eine betonte – x́xx)
- Feste Bezeichnungen für **Versmaße**:
  - **Alexandriner**: sechshebiger Jambus (meist mit Zäsur in der Mitte)
  - **Vers commun**: zehnsilbiger Vers mit Zäsur nach der vierten oder sechsten Silbe
  - **Hexameter**: antike Versform aus 5 Daktylen und einem Trochäus
  - **Pentameter**: antike Versform aus 4 Daktylen plus Hebung nach 2. und 4. Daktylus, mit Zäsur
- **Kadenz** = Versschluss
  - **männliche/stumpfe Kadenz**: Vers endet mit Hebung, z. B. „Haus"
  - **weibliche/klingende Kadenz**: Vers endet mit Folge von Hebung und Senkung, z. B. „gehen"
  - **reiche/gleitende Kadenz**: Vers endet mit Folge von Hebung und zwei Senkungen, z. B. „Ebene"

Reim

- **Reim:** Gleichklang von Wörtern ab dem letzten betonten Vokal
- **Reimqualität:**
  - reine Reime: genauer Gleichklang vom letzten betonten Vokal an (z. B. rennen – kennen)
  - unreine Reime: ungenauer Gleichklang (z. B. süß – Paradies)
  - rührende Reime: Gleichklang von Wörtern bei Bedeutungsverschiedenheit (z. B. Lid – Lied) oder sogenannter identischer Reim bei völlig gleichen Wörtern (z. B. lebt – lebt)
  - Assonanz: nur Vokalgleichklang (z. B. leben – stehen)
- **Reimquantität:**
  - einsilbige Reime mit männlich stumpfer Kadenz (z. B. Haus – Maus)
  - zweisilbige Reime mit weiblich klingender Kadenz (z. B. gehen – stehen)
  - dreisilbige, gleitende Reime (z. B. Reitender – Bestreitender)
- **Reimstellung:**
  - Anfangsreim: erste Wörter von aufeinanderfolgenden Versen reimen
  - Binnenreim: Reim innerhalb eines Verses
  - Endreim: Reimklang am Versende
- **Reimfolgen/Reimschemata** des Endreims:
  - Paarreim: Reim zweier aufeinanderfolgender Verse (Reimschema: aabbcc)
  - Kreuzreim: abwechselnder Reim (Reimschema: abab)
  - umarmender Reim: Reimpaar wird von anderem Reimpaar umschlossen (Reimschema: abba)
  - Schweifreim: Paarreim mit einem anschließenden umarmenden Reim (Reimschema: aabccb)
- **Waise:** nichtreimender Vers in einem Gedicht

Wichtige Stilmittel

- **Metapher:** ersetzt eigentlich gemeinten Begriff durch bildhaften Ausdruck und springt dabei von einem Vorstellungsbereich in einen anderen (z. B. am Fuß des Berges)
- **Synästhesie:** Verbindung unterschiedlicher Sinneseindrücke (z. B. „Klang der Farben")
- **Personifikation:** Vermenschlichung eines Dinges/nicht lebendigen Wesens (z. B. „Sonne lacht")
- **Vergleich:** Verbindung von Wörtern aus zwei Bereichen mit „wie" (z. B. „stark wie ein Bär")
- **Symbol:** bildhaftes Zeichen, das auf dahinterstehende Idee verweist (z. B. Taube für den Frieden)
- **Alliteration:** Gleichklang im ersten Laut betonter Stammsilben (z. B. „mit Kind und Kegel")
- **Anapher:** Beginn aufeinanderfolgender Verse oder Wortgruppen mit dem gleichen Wort bzw. der gleichen Wortgruppe (z. B. „Wie glänzt die Sonne! / Wie lacht die Flur!" [Goethe])
- **Parallelismus:** parallele Anordnung der Wörter in aufeinanderfolgenden Sätzen/Versen oder Satzteilen (z. B. „Sie hören weit, sie sehen fern." [Kästner])
- **Inversion:** Veränderung der natürlichen Satzstellung (z. B. „Dunkel war die Nacht.")
- **Ellipse:** Aussparung von Satzgliedern (z. B. „Erst die Arbeit, dann das Vergnügen.")
- **Hyperbel:** Übertreibung (z. B. „ein Meer von Tränen")
- **rhetorische Frage:** „unechte" Frage, bei der Antwort vom Sprecher schon vorausgesetzt ist (z. B. „Wer ist schon perfekt?")
- **Oxymoron:** Verbindung von scheinbaren Widersprüchen (z. B. „schwarze Milch")
- **Chiasmus:** Überkreuzstellung von Satzgliedern (z. B. „Ich schlafe tags, nachts wache ich")
- **Klimax:** steigernde Aufzählung (z. B. „Er kam, sah und siegte.")
- **Neologismus:** Wortneuschöpfung (z. B. „Knabenmorgen-Blütenträume")
- **Antithese:** Gegenüberstellung (z. B. „Der Geist ist willig, aber das Fleisch ist schwach.")

Auf einen Blick

Conrad F. Meyer

Inhalt
- Geschehen aus Geschichte, Sage oder Mythos
- oft düstere Stimmung und Situation von Bedrohung und Bewährung, häufig tragischer Ausgang
- Verherrlichung edlen Menschentums

| Form | Ballade | Geschichte |

Form
- Mischung lyrischer, epischer und dramatischer Elemente (Goethe: „Ur-Ei der Poesie")
- Unterscheidung zwischen Kunstballade und Volksballade
- normalerweise in Hochsprache verfasst

Geschichte
- Vorläufer: Tanzlieder / mittelalterliche Heldenlieder
- 1773: Beginn deutscher Balladendichtung (Kunstballade) mit G. A. Bürgers „Lenore"
- bis in Gegenwart beliebt, thematisch vielfältig

Grundsätzliches

- stammt vom okzitanischen Verb **balar = tanzen:** bezeichnete im Mittelmeerraum ein Tanzlied
- von Goethe als **„Ur-Ei" der Poesie** bezeichnet, das alle **drei Gattungen in sich vereine**

Inhalt

- oft ungewöhnlich-geheimnisvolles, tragisches Geschehen aus **Geschichte, Sage und Mythos**
- mittelalterlich-märchenhafte, antike, aber auch zeitgenössische Stoffe
- betonte Volkstümlichkeit
- oft Vermittlung **düsterer Stimmung und Situation von Bedrohung und Bewährung,** häufig mit **tragischem Ausgang**
- **Verherrlichung edlen Menschentums**
- **inhaltliche Unterteilungen** in Geister-/Schauerballade, Ideenballade, Heldenballade usw.

Form und Sprache

- **dramatische Elemente:**
  - Rede und Gegenrede
  - Aneinanderreihung unterschiedlicher „Szenen" ohne genauere Erläuterungen
  - Konzentration auf Höhepunkte des Geschehens: dramatisierende Steigerungen
- **epische Elemente:**
  - Erzählung einer Geschichte
  - Hinführung der Handlung zu einem pointierten Schluss mit Spannungserzeugung
  - schlichte und leicht verständliche Erzählweise
- **lyrische Elemente:**
  - kunstvolle, gedrängte Sprache
  - meist feste Strophenform und festes Vermaß (je nach Ballade unterschiedlich)
  - Ausdruck von Gefühlen (häufig im Refrain) bzw. eines Stimmungsbildes
- Unterscheidung zwischen **Volksballaden** (mündlich überliefert, volksliedhafte Form) und **Kunstballaden** (kunstvolle Balladendichtung eines Dichters, v. a. vom 18.–20. Jahrhundert)
- in der Regel: **Hochsprache**; teilweise aber **Wiederholungen und formelhafte Sprache**

Ballade

Geschichte der Gattung

- ursprünglich (ca. ab dem 12. Jahrhundert): Tanzlied im italienisch-provenzalischen Raum
- kunstvolle Weiterentwicklung durch Troubadoure (fahrende Sänger)
- 14./15. Jahrhundert: strenge lyrische Form in Frankreich (Wandlung zum gesprochenen Gedicht); Verbreitung der Volksballade über ritterliche Kultur durch Umformung der Heldenlieder auch in Deutschland (15. Jahrhundert)
- ab dem 16. Jahrhundert: Verbreitung der „Ballade" durch Bänkelsänger
- in England Verbreitung der „ballad" als volkstümlich-epische Liedform (Volksballade)
- spätes 18. Jahrhundert: Übernahme in Deutschland als eine zwischen den drei Grundformen stehende Gattung
- 1773: Beginn der deutschen Balladendichtung (Kunstballade) mit Gottfried August Bürgers „Lenore" nach dem Vorbild englischer und schottischer Geisterballaden
- Sturm und Drang: Kunstballade als beliebte Gattung, v. a. naturmagische Ballade und Geisterballade
- 1797: Balladenjahr, in dem Goethe und Schiller die klassische Ideenballade entwickelten (häufiges Thema: Mensch sieht sich Schicksalsmacht gegenüber und muss sich moralisch bewähren)
- Romantik: volksliedhafte Balladen mit oft unheimlichem und mysteriösem Charakter
- poetischer Realismus: besondere Blütezeit der historischen Handlungsballade
- Anfang des 20. Jahrhunderts: z. T. sozialkritische/politische Balladen, z. B. von Brecht
- im Nationalsozialismus Stilisierung der Ballade zur „deutschen" Gattung mit heroischem Pathos
- ab 20. Jahrhundert: Rückgriff auf Bänkelsang und ironische, satirische, groteske Balladen, aber auch Verarbeitung allgemeiner Alltagsbegebenheiten (neues „Balladenjahr" 1975)

Autoren und Werke

Johann Wolfgang von Goethe: *Der Fischer* (1779), *Der Erlkönig* (1782), *Der Zauberlehrling* (1797)
Friedrich Schiller: *Der Handschuh* (1797), *Die Bürgschaft* (1798), *Das Lied von der Glocke* (1799)
Annette von Droste-Hülshoff: *Der Knabe im Moor* (1842)
Theodor Fontane: *Die Brück' am Tay* (1880), *John Maynard* (1886)
Conrad Ferdinand Meyer: *Die Füße im Feuer* (1882)
Bertolt Brecht: *Ballade von der Kindesmörderin Marie Farrar* (1922)

Zitate

Über die Ballade:
„Übrigens ließe sich an einer Auswahl solcher Gedichte die ganze Poetik gar wohl vortragen, weil hier die Elemente noch nicht getrennt, sondern wie in einem lebendigen Ur-Ei zusammen sind, das nur bebrütet werden darf, um als herrlichstes Phänomen auf Goldflügeln in die Lüfte zu steigen."
(Johann Wolfgang von Goethe)

Aus Balladen:
„Des rühme der blut'ge Tyrann sich nicht, / Daß der Freund dem Freunde gebrochen die Pflicht, / Er schlachte der Opfer zweie / Und glaube an Liebe und Treue!" (Friedrich Schiller, „Die Bürgschaft")
„Oh schaurig ists übers Moor zu gehn, / Wenn es wimmelt vom Heiderauche, / Sich wie Phantome die Dünste drehn / Und die Ranke häkelt am Strauche" (Annette von Droste-Hülshoff, „Der Knabe im Moor")

Rainer Maria Rilke

Inhalt
- wehmütige Erinnerung, schwere Grundstimmung
- Klage über Verlust bzw. Trennung, Sehnsucht
- zum Teil auch andere Themen (z. B. erotische Liebesdichtung)

Form	Elegie	Geschichte

Form
- Distichen: Hexameter und Pentameter (gelegentlich Alexandriner)
- in der Regel reimlos
- meist kunstvoll und mit hohem Sprachstil

Geschichte
- griechische Antike: in Distichen verfasste Gedichte mit breitem Themenspektrum
- später Einengung auf Trauer- und Klagelieder, aber auch subjektiv-erotische Liebesdichtungen (römische Elegien)

Grundsätzliches

- Wortherkunft von lateinisch **elegia = Trauerlied**
- (formale) Nähe zum Epigramm, das aber meist kürzer gehalten ist

Inhalt

- **wehmütige Erinnerung**
- **Klage über Verlust bzw. Trennung**
- Vergänglichkeit alles Schönen
- **Sehnsucht nach einem (unerreichbaren) Ideal**, z. B. nach der antiken Einheit von Mensch und Göttern oder Natur und Kultur
- **sehnsuchtsvolle und schwermütige Grundstimmung**
- zum Teil auch größere Themenbreite (z. B. subjektiv-erotische Liebesdichtungen im Anschluss an die römische Elegie)

Form und Sprache

- enger Elegiebegriff: **Distichen** (Versmaß **bestehend aus einem Hexameter und einem Pentameter**) als **formales Gattungsmerkmal**
- meist **reimlos**
- in der Regel sehr kunstvolle Form und hoher Sprachstil
- zum Teil elegische Dichtung auch mit Verwendung des Alexandriners (im Deutschen zeitweise als Ersatzmetrum für das Distichon geltend) und Kreuzreim

Geschichte der Gattung

- erstmalige Entwicklung wahrscheinlich in Kleinasien, von wo aus Gattung sich ins antike Griechenland ausbreitete
- ab dem 7. Jahrhundert v. Chr. in der griechischen Antike ein in **Distichen** verfasstes Gedicht mit noch sehr **breitem Themenspektrum**, häufig Loblieder auf Wein oder Kriegseinsätze
- erst später **Einengung auf Trauer- und Klagelieder**

- **römische Elegie:** teilweise Übernahme der griechischen Elegien, vor allem aber **subjektiv-erotische Liebesdichtungen**
- thematisch können auch manche Gedichte des Minnesangs als Elegien gelten
- **16. Jahrhundert:** Konzentration auf antike Vorbilder, aber hauptsächlich Verarbeitung **christlicher Themen**
- **im England des 16. Jahrhunderts:** vor allem **Totenklagen** bzw. allgemeine Gedichte über den Tod
- **17. Jahrhundert:** Empfehlung von Elegien für **traurige Themen und Liebesdichtung,** aber **Alexandriner statt Distichon**
- **Blütezeit im 18. Jahrhundert** in der Epoche der Empfindsamkeit in Deutschland
- **Klassik:** Schiller begründet Elegien als **Trauergedicht** über die **unüberbrückbare Distanz** zwischen **Ideal und Wirklichkeit,** schreibt aber nicht durchgängig in Distichen
- **Goethes Orientierung an römischen Liebeselegien** als Gegensatz zu Schillers Elegieauffassung: **Entstehung sinnlich-erotischer Gedichte,** aber auch von Klageliedern ohne Elegieform
- **19. Jahrhundert:** Beliebtheit vor allem bei den Dichtern des Weltschmerzes und künstlerische Entfaltung bei Mörike (gelegentlich mit Tendenz zur Nachahmung früherer Elegien)
- **Gegenwartslyrik:** teilweise **Rückbezug** auf frühere Elegieauffassungen und Beibehaltung der **strengen Form,** aber meist inhaltliche Veränderungen

Autoren und Werke

Johann Wolfgang von Goethe: *Römische Elegien* (Sammlung, 1788–1790)
Friedrich Hölderlin: *Menons Klagen um Diotima* (1798), *Brod und Wein* (1800)
Rainer Maria Rilke: *Duineser Elegien* (Sammlung, 1912–1922)

Zitate

Über die Elegie:
„Der Inhalt der dichterischen Klage kann also niemals ein äußerer, jederzeit nur ein innerer idealistischer Gegenstand sein; selbst wenn sie einen Verlust in der Wirklichkeit betrauert, muss sie ihn erst zu einem idealistischen umschaffen." *(Friedrich Schiller)*

Aus Elegien:
„Dir, Hexameter, dir, Pentameter, sei es vertraut,
wie sie des Tags mich erfreut, wie sie des Nachts mich beglückt."
(Johann Wolfgang von Goethe, „XX. Römische Elegie")
„Licht der Liebe! scheinest du denn auch Toten, du goldnes!
Bilder aus hellerer Zeit leuchtet ihr mir in die Nacht?"
(Friedrich Hölderlin, „Menons Klagen um Diotima")

Epigramm

Auf einen Blick

Inhalt
- Gedankenlyrik als geistreiches und weises Sinn-
  gedicht oder als scharfsinniger und witziger Angriff
- Deutung von Ereignissen oder Zuständen
- Würdigung von Personen

Johann W. v. Goethe

Form	Geschichte
• meist antithetischer Aufbau aus Erwartung und Aufschluss	• zunächst Inschrift auf Gebäuden, Denk- mälern und Grabsteinen
• meist in Distichen (Hexameter und Penta- meter) verfasst (gelegentlich Alexandriner)	• Weiterentwicklung zu satirischem Sinn- spruch mit Pointe
• satirischer Charakter	• später auch Sitten- und Weisheitssprüche und Sinngedichte allgemeineren Inhalts

Grundsätzliches

- Wortherkunft von altgriechisch **epigramma = Aufschrift**
- im Deutschen oft als Sinngedicht bezeichnet

Inhalt

- **Gedankenlyrik:** starke Tendenz zur Reflexion, teilweise ins Philosophische gehend
- **Sinnsprüche,** die Leser zum Nachdenken anregen und ihn belehren
- **Deutung** von Ereignissen oder Zuständen
- **Würdigung** von Personen
- **Gesellschaftskritik**
- zwei unterschiedliche inhaltliche Ausrichtungen möglich:
  - **geistreiches und weises Sinngedicht**
  - **scharfsinniger und witziger Angriff** auf eine Person, eine Mode der Zeit oder eine politische und moralische Entwicklung (z. B. in Frankreich vor der Revolution)

Form und Sprache

- in der Regel in **Distichen** verfasst – **Hexameter** für Erwartung, **Pentameter** für Aufschluss:
  - **Erwartung:** Epigramm beginnt oft mit scheinbarem Widerspruch
  - **Aufschluss:** endet oft in überraschender Deutung des Sinnes
- zum Teil epigrammatische Dichtung auch mit Verwendung des Alexandriners (im Deutschen zeitweise als Ersatzmetrum für das Distichon geltend)
- Kennzeichen: **Schärfe der Gedanken und Einfachheit**
- oft **satirischer Charakter**
- bringt Aussage knapp auf den Punkt
- meist **antithetischer Aufbau**

Geschichte der Gattung

- in Antike zunächst eine **Inschrift** auf Gebäuden, Denkmälern und Grabsteinen
- ab Ende des **6. Jahrhunderts v. Chr.** Erweiterung zu selbstständiger Gattung: häufig **satirischer Sinnspruch mit Pointe**
- Simonides von Keos als Begründer der epigrammatischen Kunst, der z. B. Epigramme als Widmung für Personen, Orte, Bauwerke usw. schrieb
- Verbreitung der Epigramme über Griechenland nach **Rom**, wo sie bald **satirischen Charakter** erhielten
- **13./14. Jahrhundert: allgemeine Sitten- und Weisheitssprüche**
- **15.–17. Jahrhundert:** vor allem in **Frankreich und England** weiterhin beißend **satirische Sinnsprüche**
- **17.–Mitte des 19. Jahrhunderts:** Entstehung unterschiedlichster Epigramme in Deutschland, meist Orientierung an satirischen Sprüchen von Marcus Valerius Martialis, teilweise aber auch **Sinngedichte allgemeineren Inhalts**
- große **Beliebtheit in Barock** (wegen antithetischer Weltsicht) **und Aufklärung** (wegen Verstandeskultur)
- **Ende 18. Jahrhundert:** große Epigramm-Sammlung **„Xenien"** (gemeinsam von Goethe und Schiller verfasst) mit scharf-polemischen Angriffen auf Literaturbetrieb und Spießbürgertum
- **Epigramm mit politischer Tendenz** im Jungen Deutschland, aber auch weniger politische Spruchdichtung in der Romantik (mit Nähe zur Elegie)
- ab dem 19. Jahrhundert: Verwendung des Begriffs auch für Titel von Kompositionen, in der Literatur nur noch **vereinzelte Entstehung von Epigrammen**

Autoren und Werke

Johann Wolfgang von Goethe: *Venezianische Epigramme* (Sammlung, 1790)
Johann Wolfgang von Goethe, Friedrich Schiller: *Xenien* (Sammlung, 1797)
August von Platen: *Epigramme* (Sammlung, 1834)
Eduard Mörike: *Weihgeschenk* (1846)
Roderich Benedix: *Sammlung deutscher Epigramme* (1861)

Zitate

Über das Epigramm:
„Du, dem kein Epigramm gefällt, / Es sei denn lang und reich und schwer: / Wo sahst du, daß man einen Speer, / Statt eines Pfeils vom Bogen schnellt?" *(Gotthold Ephraim Lessing)*

Aus Epigrammen:
„Ist denn so groß das Geheimnis, was Gott und der Mensch und die Welt sei? Nein! Doch niemand hörts gerne: da bleibt es geheim." *(Johann Wolfgang von Goethe)*
„Aufgabe: Keiner sei gleich dem andern, doch gleich sei jeder dem Höchsten. Wie das zu machen? Es sei jeder vollendet in sich." *(Friedrich Schiller)*

Auf einen Blick

Friedrich G. Klopstock

Inhalt
- Preis- und Lobgesang mit feierlich-religiösem Inhalt
- Lobpreisung eines Gottes, aber auch eines Ortes, einer Person oder eines Gefühls
- pathetische Begeisterung

Form — Hymne — Geschichte

Form
- freie Rhythmen, reimlos und ohne festen Strophenbau
- Inversionen und Neologismen als beliebte Stilmittel

Geschichte
- feierlicher Preisgesang zu Ehren eines Gottes oder Helden in der Antike
- Ausdruck leidenschaftlicher Begeisterung und religiösen Gefühls bei Klopstock
- später auch parodistische / satirische Hymnen

Grundsätzliches

- Begriff kommt vom altgriechischen Wort **hymnos = Tongefüge**
- Nationalhymnen sind gattungsbegrifflich eigentlich meist keine Hymnen, sondern Lieder

Inhalt

- **Preis- und Lobgesang mit feierlichem und oft religiösem Inhalt**
- **Lobpreisung** kann verschiedenen „Objekten" gelten:
  - einem Gott
  - einem Ort (z. B. der Heimat oder der Natur an sich)
  - einer Person (z. B. einem Helden)
  - einem Gefühl (z. B. Gefühl der Erhabenheit)
  - einem abstrakten Begriff (einer Tugend, der Freiheit)
- **pathetische Begeisterung**, immer wieder auch Tendenz ins Mythisch-Dunkle

Form und Sprache

- keine formalen Regelmäßigkeiten
- oft in **freien Rhythmen**
- **reimlos** und in der Regel **ohne festen Strophenbau**
- meist **intensive Sprachgestaltung** mit starkem Ausdruckswillen und hohem Stil
- **Inversion** als Stilmittel der Betonung, oft auch assoziative Satzfügungen
- **Neologismen** als Stilmittel zum Ausdruck eines unmittelbaren und besonderen Empfindens
- viele **Anrufungen**

Geschichte der Gattung

- **sehr alte Gattung**, die bis in ägyptische Antike (24. Jahrhundert v. Chr.) zurückreicht, wo sie im Götter- und Totenkult Verwendung fand, z. B. „Sonnenhymnus" Echnatons
- **griechisch-römische Antike: feierlicher Preisgesang** zu Ehren eines Gottes oder Helden anlässlich von Kultfesten

- **Spätantike und Mittelalter:** einstimmige geistliche Liedform (heute noch verwendet im gregorianischen Choral der katholischen Kirche), **kunstvolle Hymnendichtungen** in lateinischer Sprache
- in **Renaissance und Barock:** Lösung aus dem rein kirchlich-zeremoniellen Bereich, aber weiterhin oft **religiöser Inhalt**
- **Barock:** Festhalten an starren Regeln zur Hymnendichtung („ordentliche Unordnung" der Hymnenform)
- seit Klopstock (Mitte/Ende des 18. Jahrhunderts in der Epoche der Empfindsamkeit): Ausdruck **leidenschaftlicher Begeisterung und religiösen Gefühls in freien Rhythmen** (Nähe zur Ode)
- **Sturm und Drang:** Blütezeit der Hymne **als subjektiver Ausdruck des dichterischen Genies**
- **Romantik:** Einführung neuer Inhalte durch **Hölderlin und Novalis**
- **Hymnen Hölderlins mit starker Wirkung** bis ins 20. Jahrhundert hinein (George, Rilke etc.)
- Ende 19./Anfang 20. Jahrhundert: Entstehung satirischer bzw. parodistischer Hymnen
- **Expressionismus:** Hymne sehr geeignet für **Verkündung des „neuen Menschen"**

Autoren und Werke

Friedrich Gottlieb Klopstock: *Frühlingsfeier* (1759), Hymne an Wodan (1769)
Johann Wolfgang von Goethe: *Mahomets Gesang* (1773), *Ganymed* (1774), *Prometheus* (1774)
Novalis: *Hymnen an die Nacht* (Hymnenzyklus, 1800)
Friedrich Hölderlin: *Andenken* (1803), *Patmos* (1803)
Stefan George: *Hymnen* (Sammlung, 1890)

Zitate

Über die Hymne:
„Der darin [in der Hymne] herrschende Affekt ist Andacht und anbetende Bewunderung; der Inhalt eine in diesem Affekt vorgetragene Beschreibung der Eigenschaften und Werke des göttlichen Wesens; der Ton feierlich und enthusiastisch." *(Johann Georg Sulzer)*

Aus Hymnen:
„Nun schweben sie, rauschen sie, wirbeln die Winde. / Wie beugt sich der Wald! wie hebt sich der Strom! / Sichtbar, wie du es Sterblichen sein kannst, / Ja, das bist du, sichtbar, Unendlicher!"
(Friedrich Gottlieb Klopstock, „Die Frühlingsfeier")
„Nah ist / Und schwer zu fassen der Gott. / Wo aber Gefahr ist, wächst / Das Rettende auch."
(Friedrich Hölderlin, „Patmos")
„Welcher Lebendige, Sinnbegabte, liebt nicht vor allen Wundererscheinungen des verbreiteten Raums um ihn, das allerfreuliche Licht – mit seinen Farben, seinen Strahlen und Wogen; seiner milden Allgegenwart, als weckender Tag." *(Novalis, „Hymnen an die Nacht")*
„Bedecke deinen Himmel, Zeus, / Mit Wolkendunst! / Und übe, Knaben gleich, / Der Disteln köpft, / An Eichen dich und Bergeshöhn!" *(Johann Wolfgang von Goethe, „Prometheus")*
„Hinaus zum strom! wo stolz die hohen rohre / Im linden winde ihre fahnen schwingen / Und wehren junger wellen schmeichelchore / Zum ufermoose kosend vorzudringen." *(Stefan George, „Weihe")*

Auf einen Blick

Inhalt
- Themen aus der Alltagswelt, aber auch religiöse oder gesellschaftskritische Thematik
- oft unmittelbarer Ausdruck lyrischer Empfindungen bzw. individuellen Erlebens

Joseph v. Eichendorff

Form
- durchgängig gleiche Strophenform, meist Übereinstimmung der Strophe mit Satz
- alternierende Verse mit Kreuz- oder Paarreim
- schlichte, gut verständliche Sprache
- Nähe zur Musik (Sangbarkeit)

Lied

Geschichte
- mündliche Überlieferung alter Volks- und Kirchenlieder
- spätere Entstehung des Kunstliedes als Ausdruck subjektiver und innerlicher Gefühle
- Höhepunkt der Lieddichtung in der Romantik als Ausdruck des „Volksgeistes"

Grundsätzliches

- Begriff kommt vom mittelhochdeutschen Wort **liet = Strophe**, Gattung findet sich in fast allen Kulturen
- sangbare oder **als sangbar gedachte Lyrik**
- **Unterscheidung zwischen Kunst- und Volkslied**, wobei sich beide auch gegenseitig beeinflussten

Inhalt

- **religiöse Themen:** Kirchenlieder
- **Themen aus der Alltagswelt:** Volkslieder, Kinderlieder, Liebeslieder, Wanderlieder, Marschlieder etc.
- in der Moderne sowohl **seichte und triviale Themen** als auch **aktuelle, gesellschaftskritische Themen**
- oft **unmittelbarer Ausdruck lyrischer Empfindungen und individuellen Erlebens**, aber Stimmung und Reflexion als gleichberechtigte Träger des Liedes

Form und Sprache

- keine ganz strengen Vorgaben
- meist **Kreuzreim**, gelegentlich Paarreim
- **alternierendes Metrum**, aber oft mit Füllungsfreiheit
- **Parallelismus** als einfaches Stilmittel, das Einprägsamkeit fördert
- im gesamten Gedicht **durchgängig die gleiche Strophenform**
- in der Regel **Strophen mit vier** und gelegentlich **sechs Versen** (Liedstrophe)
- meist weitgehende **Übereinstimmung von Strophen- und Satzbau**
- **schlichte** und in der Regel für breite gesellschaftliche Schichten **verständliche Sprache**
- Einfachheit der Form und Sprache: Volksnähe
- bei modernen Liedermachern teilweise Aufhebung der traditionellen Form
- **Nähe zur Musik:** Kennzeichen des Volksliedes ist z. B. eine für jedermann sangbare Melodie

Geschichte der Gattung

- schon vormittelalterliche Kult- und Gebrauchslyrik
- **Wurzeln** im christlich-mittelalterlichen **Hymnus** und in **Marienlyrik**
- kunstvolle **Lieddichtungen mittelalterlicher Poeten**, z. B. im höfischen Minnesang, aber auch Entwicklung primitiver Gemeinschaftslyrik
- **Volkslieder:** meist mündlich überliefert, immer mit Melodie verbunden, Verfasser unbekannt
- **Barock:** humanistisch geprägtes, **literarisches Kunstlied**, das auch nur in gedruckter Form vorliegen kann (oft spätere Vertonungen)
- erst Mitte des 18. Jahrhunderts **Ausdruck subjektiver und innerlicher Gefühle** statt rollenhafter und unpersönlicher Dichtung
- **Goethes Lieder**, die unmittelbares Naturerleben und klassische Form verbinden und **Vorbild für weitere Lieddichtungen** werden
- **Frühromantik:** gefühlvolle Schwärmerei
- Höhepunkt in der **Hochromantik:**
  – **Volkslied** als Ausdruck des „**Volksgeistes**" und als ursprünglichste poetische Form (Veröffentlichungen von **Volksliedsammlungen**)
  – Entstehung **sehnsuchtsvoller volkstümlicher Lieder**
- im 19. Jahrhundert auch **Entstehung individuellerer und politischer Lieder** und Einschränkung des allgemeingültigen Liedcharakters
- **Expressionismus:** Ferne zur Lied-Form
- **Moderne** nach dem Zweiten Weltkrieg: **Chanson und sozial- und gesellschaftskritische Lieder**, die über Massenmedien verbreitet werden

Autoren und Werke

Matthias Claudius: *Abendlied* (1779)
Clemens Brentano, Achim von Arnim: *Des Knaben Wunderhorn* (Volksliedsammlung, 1806)
Joseph v. Eichendorff: *Das zerbrochene Ringlein* (1813), *Die zwei Gesellen* (1818), *Sehnsucht* (1834)
Heinrich Heine: *Das Loreleylied* (1823), *Die schlesischen Weber* (1844)
Wolf Biermann: *Ermutigung* (1968)

Zitate

Über das Lied:
„Eine kleine Sammlung solcher Lieder aus dem Munde eines jeden Volks, über die vornehmsten Gegenstände und Handlungen ihres Lebens, in eigner Sprache [...], mit Musik begleitet: wie würde es die Artikel beleben, auf die der Menschenkenner bei allen Reisebeschreibungen doch immer am begierigsten ist, von Denkart und Sitten der Nation! von ihrer Wissenschaft und Sprache! von Spiel und Tanz, Musik und Götterlehre." *(Johann Gottfried Herder)*

Aus Liedern:
„In einem kühlen Grunde, / Da geht ein Mühlenrad, / Meine Liebste ist verschwunden, / Die dort gewohnet hat." *(Joseph von Eichendorff, „Das zerbrochene Ringlein")*
„Wie herrlich leuchtet / Mir die Natur! / Wie glänzt die Sonne! / Wie lacht die Flur!" *(Johann Wolfgang von Goethe, „Mailied")*
„Du, lass dich nicht verhärten / in dieser harten Zeit. / Die allzu hart sind, brechen, / die allzu spitz sind, stechen, / und brechen ab sogleich." *(Wolf Biermann, „Ermutigung")*

Auf einen Blick

Friedrich Hölderlin

Inhalt
- Stilisierung eines Themas ins Feierliche und Erhabene
- Ausdruck von Ergriffenheit und Emotionen
- beliebte Themen: Vaterland, Freundschaft, Liebe, Trauer, Natur, Religion

Form	Ode	Geschichte

Form
- strenge strophische Gliederung
- feierlicher, pathetischer Sprachstil in antiken Versmaßen (unterschiedliche Odenmaße im Deutschen)
- Inversion als häufiges Stilmittel

Ode

Geschichte
- Nachahmung antiker Oden (Pindar, Horaz) in eigener Nationalsprache
- Höhepunkte: Klopstock und Hölderlin (Ausdruck von Gefühl und Begeisterung)
- Gegenwart: Ironisierung des pathetischen Stils

Grundsätzliches

- Begriff **Ode** stammt aus dem Altgriechischen und bedeutet **Lied, Gesang**
- **enge Verwandtschaft mit Hymne:** inhaltliche Abgrenzung oft schwierig

Inhalt

- **Stilisierung eines Themas ins Feierliche und Erhabene**
- oft an ein Gegenüber gerichtet
- **Ausdruck von Ergriffenheit und Emotionen,** aber dennoch Wahrung einer gewissen Distanz
- **beliebte Themen:** Vaterland, Freundschaft, Liebe, Trauer, Natur, Religion usw.

Form und Sprache

- **antike Versmaße,** aber z. T. auch freie Rhythmen, z. B. bei Goethe
- meist **ohne Endreim**
- strenge **strophische Gliederung**
- häufigste **Odenformen im Deutschen:**
  - **Alkäische Strophe:** vierzeilige Strophe, die aus zwei elfsilbigen, einem neunsilbigen und einem zehnsilbigen Vers mit einer Zäsur nach der fünften Silbe besteht
  - **Sapphische Strophe:** vierzeilige Strophe, die aus drei gleichgebauten Versen mit elf Silben und einem Vers mit fünf Silben als Abschlussvers besteht
  - **Asklepiadeische Strophe:** vierzeilige Strophe, die aus zwei zwölfsilbigen Versen, einem siebensilbigen Vers und einem achtsilbigen Vers besteht
- **Inversion** als häufiges Stilmittel
- **feierlicher, pathetischer Sprachstil,** aber etwas **gedämpfter als Hymne**
- **Übergänge zur Hymne** bei odenhaften Gedichten, die nicht den formal strengen Merkmalen entsprechen

Geschichte der Gattung

- griechische Antike (ab 7. Jahrhundert vor Christus): Ode als Bezeichnung jeglicher **zu Musikbegleitung vorgetragener Lyrik**
- **Höhepunkte der Gattung in griechischer und lateinischer Sprache: Oden von Pindar und Horaz**
- Humanismus und Barock: Ode als allgemein liedhaftes und strophisches Gedicht; Versuch der **Nachahmung antiker Oden** in der eigenen Nationalsprache
- **Aufklärung: Oden mit philosophischem und moralischem Charakter**
- **18. Jahrhundert:** Abgrenzung der Ode durch ihren **hohen Stil** vom einfachen Lied und Nutzung der Ode zur Verherrlichung von Herrschern und Helden
- ab Mitte des 18. Jahrhunderts: **Oden als Ausdruck von Emotionen**
- **erster Höhepunkt der Odendichtung (ab Mitte des 18. Jahrhunderts): Klopstock** – Verwendung der Odenform für Ausdruck von **Begeisterung und Gefühl**
- **zweiter Höhepunkt der Odendichtung (Ende des 18. Jahrhunderts): Hölderlin** mit **tragischen und sehnsüchtigen Oden**
- 19. Jahrhundert: Abbruch der Odendichtung trotz einiger Wiederbelebungsversuche
- 20. Jahrhundert: Entstehung einer neuen, ekstatischen Ode
- Zeit des Nationalsozialismus: Anschluss an klassische Odenform
- **Ironisierung des pathetischen Stils der Ode** durch Gegenwartslyriker

Autoren und Werke

Friedrich Gottlieb Klopstock: *Der Zürchersee* (1750), *Dem Allgegenwärtigen* (1758)
Friedrich Schiller: *An die Freude* (1785)
Friedrich Hölderlin: *An die Parzen* (1798), *Die Heimat* (1798), *Abendphantasie* (1799),
   Heidelberg (1801)
Josef Weinheber: *Ode an die Buchstaben* (1942)

Zitate

Über die Ode:
„Das erstgeborne Kind der Empfindung, der Ursprung der Dichtkunst und der Keim ihres Lebens ist die Ode." *(Johann Gottfried Herder)*

Aus Oden:
„Schön ist, Mutter Natur, deiner Erfindung Pracht / Auf die Fluren verstreut, schöner ein froh Gesicht, / Das den großen Gedanken / Deiner Schöpfung noch einmal denkt." *(Friedrich Gottlieb Klopstock, „Der Zürchersee")*
„Freude, schöner Götterfunken, / Tochter aus Elysium, / Wir betreten feuertrunken / Himmlische, dein Heiligtum." *(Friedrich Schiller, „An die Freude")*
„Doch nimmer vergeß ich dich, / So fern ich wandre, schöner Main! Und / Deine Gestade, die vielbeglückten." *(Friedrich Hölderlin, „Der Main")*

Auf einen Blick

Inhalt

- große (epochenabhängige) Themenbreite; im Barock zentrale Motive: Vanitas, Carpe diem, Memento mori
- oft Themen, die formaler Zweiteiligkeit entgegenkommen (Spannung und Entspannung/Voraussetzung und Folge/These und Antithese mit anschließender Synthese)

Andreas Gryphius

Form   Sonett   Geschichte

- strenge Form aus 14 Versen mit zwei Quartetten und zwei Terzetten: häufig zweiteiliger Aufbau
- traditionelles Reimschema (abba abba ccd eed) und Versmaß (Alexandriner)

- Bekanntwerden der Sonettform im 14. Jahrhundert durch Petrarcas Sonettsammlung
- Barock als Blütezeit der Sonettdichtung
- Bewahrung der klassischen Sonettform bis in Gegenwart, aber auch Modernisierungen

Grundsätzliches

- Bezeichnung kommt vom lateinischen **sonare = klingen, tönen**
- im Barock als „Klinggedicht" übersetzt

Inhalt

- **zwei Modelle:**
  - **dualistische Konzeption:** jeweils Zweiteilung von Oktave und Sextett zur Darstellung von **Spannung und Entspannung** bzw. **Voraussetzung und Folgerung**
  - **dialektische Konzeption:** Dreiteilung in **These, Antithese und Synthese**
- Bevorzugung des Sonetts in verworrenen Zeiten, um **Chaotisches** durch klare künstlerische Formen zu **bändigen**
- große thematische Vielfalt (u. a. epochenabhängig):
  - **Liebessonette** (vor dem Barock, teilweise noch im Barock)
  - **Schrecken des 30-jährigen Krieges, Vanitas-Motiv, religiöse Dichtung** (im Barock)
  - Themen der **Kunstphilosophie** (Romantik)
  - **politische Sonette** (napoleonische Befreiungskriege, Junges Deutschland und Vormärz)
  - **Großstadt** (Expressionismus)

Form und Sprache

- **streng gebautes Reimgedicht**
- **14 Verse, gegliedert in zwei Quartette (je vier Verse) und zwei Terzette (je drei Verse)** bzw. in **Oktave und Sextett**
- traditionelles **Reimschema: abba abba ccd eed** (je nach Zeit auch Variationen)
- **Shakespeare-Sonett/englisches Sonett:** drei Quartette mit Kreuzreimen und abschließendem Reimpaar
- Versmaß: häufig **Alexandriner**, teilweise auch 5-hebige Jamben
- Beliebtheit von Stilmitteln, die zu Antithetik/Zweiteiligkeit des Sonetts passen (v. a. im Barock)

Geschichte der Gattung

- vermutliche **Entstehung um 1230** am Hof zu Palermo (im Umkreis von Friedrich II.)
- **14. Jahrhundert**: Bekanntwerden der **Sonettform durch Petrarcas Sonettsammlung** und zahlreiche Nachahmungen **(Petrarkismus)**
- Übersetzungen niederländischer und französischer Sonette als **früheste deutsche Sonette im 16. Jahrhundert**
- auch bei Neudichtungen Orientierung an französischen Sonetten (Versmaß: Alexandriner)
- **Barock als Blütezeit** der Sonettdichtung: v. a. Gryphius und Verarbeitung des Vanitas-Motivs
- **Bedeutungsverlust** des Sonetts zwischen Barock und Romantik wegen Herabsinken zum reinen „Klinggedicht" ohne Aussage
- **Erneuerung** der Gattung in **Romantik** (leichte formale Veränderungen: z. B. 5-hebiger Jambus)
- napoleonische **Befreiungskriege, Vormärz und Junges Deutschland: politische Sonette,** z. B. von Friedrich Rückert
- im 19. Jahrhundert auch Sonettdichtung von Lenau und Mörike
- wenig Interesse an der Gedichtform im Naturalismus
- um und nach 1900: erneute **Blütezeit** für Sonett, v. a. im **Symbolismus und Expressionismus** (aber teilweise Veränderung der strengen Form)
- **Zeit des „Dritten Reiches"**: Sonette als **Mahnung und Trost** von R. Schneider bzw. als Zeugnisse des inneren Widerstands von Haushofer und des **Exils** von Becher und Brecht
- **1950er- bis 1970er-Jahre**: Sonett als **sinnentleerte Form**, in der DDR aber häufige Nutzung
- **20./21. Jahrhundert**: Bewahrung der klassischen Sonettform als Zeichen der Stabilität in unruhigen Zeiten, aber auch Sonettdichtung in freier und ironischer Form

Autoren und Werke

Andreas Gryphius: *Es ist alles eitel* (1637), *An die Welt* (1637), *Abend* (1650)
Christian Hoffmann von Hoffmannswaldau: *Vergänglichkeit der Schönheit* (1695)
August von Platen: *Sonette aus Venedig* (Zyklus, 1825)
Hugo von Hofmannsthal: *Was ist die Welt* (1890), *Mein Garten* (1891), *Die Beiden* (1896)
Rainer Maria Rilke: *Sonette an Orpheus* (Zyklus, 1922)
Albrecht Haushofer: *Moabiter Sonette* (Zyklus, 1946)

Zitate

Über das Sonett:
„Zwei Reime heiß' ich viermal kehren wieder, / Und stelle sie, getheilt, in gleiche Reihen, / Daß hier und dort zwei eingefaßt von zweien / Im Doppelchore schweben auf und nieder. // Dann schlingt des Gleichlauts Kette durch zwei Glieder / Sich freier wechselnd, jegliches von dreien." (*August Wilhelm Schlegel, „Das Sonett"*)

Aus Sonetten:
„Du siehst, wohin du siehst, nur Eitelkeit auf Erden." (*Andreas Gryphius, „Es ist alles eitel"*)
„O ihr Seligen, o ihr Heilen, / die ihr der Anfang der Herzen scheint. / Bogen der Pfeile und Ziele von Pfeilen, / ewiger glänzt euer Lächeln verweint." (*Rainer Maria Rilke, „Sonette an Orpheus"*)
„Sonette find ich sowas von beschissen, / so eng, rigide, irgendwie nicht gut; / es macht mich ehrlich richtig krank zu wissen, / daß wer Sonette schreibt." (*Robert Gernhardt, „Materialien zu einer Kritik der bekanntesten Gedichtform italienischen Ursprungs"*)

Auf dem Smartphone
Interpretationshilfen

Buch inkl. eBook: Für den Durchblick bei komplexen literarischen Texten. Mit dem eBook den Lektüreschlüssel immer dabei haben.

▸ **e** Inkl. eBook, für alle Endgeräte, mit Online-Glossar zu literarischen Fachbegriffen

▸ Informationen zu Biografie und Werk, ausführliche Inhaltsangabe, gründliche Analyse und Interpretation

▸ Detaillierte Interpretation wichtiger Schlüsselstellen

www.stark-verlag.de/Interpretationshilfen